学校図書館が動かす
読書イベント
実践事例集

牛尾直枝・高桑弥須子 編著

もくじ

はじめに…5

第1章 全校で取り組む「週間」「旬間」「月間」の読書イベント…7

一定期間のまとまった読書イベント…8
図書館行事で裾野の広がりを　元 千葉県市川市立南行徳小学校教頭　杉崎幸枝…10

実践例1 **本をひらけば広がる世界**…12
　資料　おはなしクイズ　問題と解答…17

実践例2 **詩で遊ぼう**…18
　資料①　オープニングセレモニー　司会原稿…25
　資料②　詩のアニマシオン（→p.21）のバリエーション…26
　資料③　What are little boys made of ？…27
　【解説】はずむよリズム…28

実践例3 **むかしばなしワールドへようこそ**
　　──日本にむかしから伝わるお話をよもう…30
　資料①　ブックトークで紹介した本
　　　　テーマ「にほんのむかしばなし」…33
　資料②　むかし話（日本）検定　問題と解答…34
　資料③　認定証…35
　資料④　むかしばなしよんだよカード…35
　資料⑤　貸出優待券…36
　【解説】オープニングセレモニーと他学年交流について…37

実践例4 **ザ！　じんたい**──本をよんで体ふしぎはっけん…38
　資料①　からだ博士選手権大会　問題と解答…44
　資料②　「あてにならない目」使用カード…45
　資料③　からだ博士選手権大会　表彰状…45
　資料④　からだはかせカード　問題と解答用紙…46
　【解説】オープニングの群読について…47

はじめに

　かつて司書は宝番にたとえられました。求め尋ねている人に、知恵や知識の宝庫である図書館から、必要なものを取り出して渡すのです。やがて司書はナビゲーターにたとえられるようになりました。限りなく広い宇宙の中で、探究者を案内する、または一緒に旅するのです。

　学校図書館は物語を提供することとともに、考える力を養う場、既得の知識を活用して柔軟に対応する力を育成する場、としての機能が、大きく求められるようになりました。今、多方面で話題になっている「アクティブ・ラーニング」という主体的に学ぶ学習方法は、学校図書館の担うところです。児童生徒の「なぜ？」を掘り起こし、それを解決する道筋を一緒にたどり、学び方を教えることは、学校図書館の役割でもあります。

　こうして学校図書館に求められるものは大きく広がりました。「読書センター」「学習・情報センター」と二本柱で語られることが多くなりました。しかし、みなさんご承知のとおり、図書館機能は単純に二分できません。「遊びは学び・学びは遊び」というように、「読書センター」と「学習・情報センター」は渾然一体となって子どもたちを育てます。デジタル化時代といいますが、一番はじめに形として手にする知識・情報は、書物の形をしています。アクティブ・ラーニングのための、一番手軽な一番親しみやすい材料です。

　そもそも「思考」は「言葉」で行います。「学びを支える」というためには、言葉に親しんでもらわなければなりません。世界はピンポイントの知識・情報の寄せ集めではありません。たくさんの要素がからみ合い、因果関係を持ちながら構築されています。言葉のイメージを豊かにし、その言葉から世界を広げていける感性を持ってもらいたい。読書の中には学習・情報の要素が含まれています。インターネットに代表されるように、デジタル化社会では、情報が蛇口をひねれば流れる水のごとく入手することができます。しかし、児童生徒にとって、インターネット情報の操作はまだまだ難しい。ピンポイントで得られるそれだけでは、ともすると全体を見ずにして判断する「群盲、象を評す」となりかねません。デジタル化時代だからこそ、書物に慣れ親しむことによって、それに対応するだけの体力

をつけなければならないでしょう。

　年齢が幼いときに、活字を読むための基礎体力をつけるべきです。また、幼いほど物語を楽しみながら知識の芽を膨らませていきます。読書イベントはそのきっかけのひとつとなります。みんなで楽しみながら書物に親しむ方法の一部を、本書にまとめました。ここでは主として、小学校の実践が中心となっています。しかし、より主体的に動くことのできる中学生であれば、中学生自身の発想を織り込み、さらに発展的に活動できることと思います。これらの事例がみなさまへの一助となりますことを願っております。

高桑 弥須子

第1章

全校で取り組む
「週間」「旬間」「月間」の読書イベント

一定期間のまとまった読書イベント

　学校図書館は「教育課程の展開に寄与」し、かつ「児童又は生徒の健全な教養を育成することを目的とし」ています（学校図書館法第2条）。よって学校図書館行事（以下、図書館行事とする）も、教育課程に位置付けられた活動となります。そこで読書週間は学校の教育目標に沿ったものとし、全体的な展望の上での計画と適切な指導をもって、児童生徒の自発的で自治的な活動の場となるようにします。

　図書館行事は、学校生活に刺激を与え、児童生徒の主体性を育みます。児童生徒が読書の意義や楽しさについてあらためて意識し、日常生活の中に読書を取り入れることに積極的になってもらうために、図書館行事を学校の中で大事にしたいと考えます。

1、期間

　読書週間、読書旬間、読書月間など、一定の読書推進期間。学校の予定に合わせた、切りのよいひとまとまりの期間を設定します。

　日本では社団法人読書推進運動協議会（読進協）が、毎年読書の推進普及と出版文化の向上を目的に、文化の日（11月3日）をはさんで「読書週間」（10月27日から11月9日）を設けています。これは今や日本において定着した歳時記となっています。また、読進協は、5月には「子どもの読書週間」をも提唱しています。読書活動を推進するこのような風潮に合わせて、たとえ時期は同じにならなくても、学校の年間行事予定の中に「読書週間」という期間を組み込みたいものです。

2、あてる時間

①集会・朝会

　集会や朝会の年間予定が決まっていれば、読書週間に合わせた内容を予定に入れておきます。読書週間のオープニングとして、集会活動が持てると効果的です。

②朝の時間

　朝自習や朝読書の時間があれば、読書週間の期間だけ、別プログラムを組むことができます。場合によっては一度に全学級を対象とするのではなく、順番に展開していってもよいでしょう。

③授業時間

　小学校では「図書の時間」として、図書館を優先的に利用する時間割が組まれる場合があります。読書週間中のその時間を、読書週間に合わせた内容とします。ま

た内容によっては、学級活動の時間や総合の時間、道徳の時間を、読書週間の活動の一環とすることもできるでしょう。

④業間休み時間・昼休み時間

　小学校では、2校時と3校時の間に長時間の休み時間が設定されていることが多くあります。また昼休みも、週に1日はふだんよりも長時間に設定していることもあります。

⑤イベント・デー

　学校によっては読書週間中の一日を「学習発表会」「○○まつり」などと称して、各学年の読書活動を披露することがあります。休日に設定して、保護者参観日と兼ねることもあります。

3、内容

　学校それぞれの取り組みは、続けていくうちに積み重ねができ、より工夫に富んだ活動となります。できそうなところから始めましょう。

　①帯活動（読書週間期間中継続する活動）
　・読書の記録をとる（読書カード、読書マラソンなど）。
　・朝や昼の放送で読書に関する内容を必ずアナウンスする。
　・（学校図書館に常勤職員がいない場合）連日図書館を開館する。
　②イベント活動
　・講演会、鑑賞会、お話会（作家講演会、名画鑑賞、演劇鑑賞、語りの会など）
　・集会活動（読書集会）
　・読書会（学級で教科や道徳・学級活動とタイアップして。自由参加で）
　・競技会（百人一首大会、カルタ会、辞書引き大会、○○コンテストなど）
　・創作活動（感想画、童話、ブックカバー、ポップなど）
　・実験、体験（科学遊び、昔の遊びなど）
　・調査活動（読書調査など）
　・展示会（絵画、作家関連コレクションなど）
　・演劇活動　　など

　小学校の低学年のうちは、教員や司書などの指導が必要ですが、学年が上がってくると主体的に取り組めるようになってきます。児童生徒の発案を生かす場を大切にし、自分たちで図書館行事を企画できるようにしていきましょう。

高桑 弥須子

図書館行事で裾野の広がりを

元 千葉県市川市立南行徳小学校教頭　杉崎 幸枝

1、図書館行事の意義

　学校教育では、心豊かな人間性を育み、社会的に自立していける児童・生徒を育てることを目標にしている。各学校には、教育目標があり、知・徳・体をバランスよく配し、児童や生徒の実態に合わせて設定している。図書館行事はその実現に向けて取り組む文化活動のひとつである。端的に言えば、図書館行事を生かして、一人ひとりの児童生徒が読書の意義を知り、学習や生活での課題解決へ向けてアプローチしていく過程で、主体性を伸ばしていける活動である。つまり、よき読書生活者を将来にわたって、育てていくことにつながる行事なのである。

　学校では、あらゆる場面で、疑問や問題を解決していく方法を教える。その過程で、図書資料の重要性を知る。そして得た情報から適宜取捨選択していき、知識を獲得していく。これらを繰り返すことで確固たる知識が定着していく。新しい、精度の高い情報をいかに身につけ、自分の「知」に組み入れていけるのかが大事なのである。

　文学作品には、人間のあるべき姿や精神を描き、魂が揺さぶられるものが多い。また、情緒や繊細さ、美しさや物のあわれなどを表現したものもある。それらを一人ひとりの児童生徒が、想像力で豊かに、柔軟に感じることができたら、自分の人生の岐路で、紆余曲折しながらも前進することができるだろうと思う。読むことは、人間を知り、人間を学ぶ場にもなる。多くの作品に出合わせたいと思う。

　このように考え、読書や情報の裾野を思いっきり広げ、厚くしておきたいと考え、図書館行事に工夫をしている。

2、図書館行事を最大限に生かす

①教育計画全体の中で、図書館行事の位置付けを明確にし、組織的に、意図的、計画的に実施。一般的に、図書館行事の計画、実施は下の手続きをとることが多い
- ・司書教諭、学校司書で原案をつくる。
- ・各学年、各教科から代表を出し、教職員の図書館部会を組織する。
- ・年間図書館行事計画を作成する。
- ・企画会議に提案し、職員会議で提案。承認を受ける。
- ・児童生徒の図書委員会を組織する。

＊昨年度の反省に基づいて、年度当初の学校教育計画に織り込まれているのが望まし

い。その上で、図書館部会で企画の見直しを行い、職員会議へ提案する。しかし、教育課程の進展に応じて、柔軟な対応ができるよう努める。教育課程との直結、ひいては教科学習との密接な関係を持って企画提示できるのが理想的である。図書館行事そのものの斬新さを絶えず期待したい。

　また、学校の多忙感をぬぐうために、さまざまな配慮が必要である。学校行事を教科学習とタイアップさせ、スリム化していくことが大事である。「東日本大震災を考える」「作家〇〇を知ろう」等テーマを設けた行事と組むのも一方法だ。みんなの創意が反映され、児童生徒の発達段階に合わせた選択もでき、意欲化も期待できる。

②図書館行事を地域社会に開く

　学校教育は、学校内だけの教育活動で成らず。地域社会に児童生徒を愛情を持って見守ってもらうことが大切だろう。そのために、学校の教育活動を地域社会へオープンにし、関わりを持ってもらうことが大事である。千葉県市川市では、かねてより「開かれた学校」を標榜し、各学校で教育課程を開き、人材交流に努めている。PTA組織は核になるが、それを包含したさらに大きな組織に包まれることになる。人間関係の礎につなげていきたいものだ。図書館行事もしかり。

・図書館行事に積極的に参加してもらう
　（講師、先輩として講演、講義を依頼⇒知恵を学ぶ場につなげる）
・ボランティアとして協力してもらう⇒各ボランティアの資質向上にもなる（週1回各学年、学級に朝の読み聞かせを実施／放課後の読書活動等）。
・招待状や終了後の礼状送付（反省を兼ね、課題を探る。広報活動へつなげる）

③予算化

　予算化について忘れがちだが、各学年や各教科へ行事の一部を依頼する場合、予算範囲を明確にすべきだろう。講演会などに著名な方を招聘する場合などは特に。

④実施後の記録を残す

　実施後の反省は、必ず記録で残す。反省や課題は、広報活動等で紹介し合い、必ず次年度へ引き継ぐ。

3、まとめ

　図書館行事は、社会生活や豊かな人間関係を築いていく上で役に立つ。文化の質的向上も確かに見られる。多少の時間、手間をかけても人間関係を強くし、地域を切りひらいていけるとしたら、得られるものは大きい。やがて、地域文化や風土を醸成し、学校教育と地域社会に好ましい循環ができ上がると考える。

実践例1　本をひらけば広がる世界

高桑 弥須子

> **ねらい**　図書委員の児童が決めた標語を掲げ、図書館の活用や読書のすすめを行う。

【実施時期】春の読書週間（5月22日〜6月5日）

期間・日程は学校行事を勘案し、教務主任と相談して職員会議にかける。

	朝（授業時間前）	業　間
22日	オープニングセレモニー クイズ・歌	しおりづくり （1年生）
24日	紙芝居 （1・2年生・特別支援学級）	しおりづくり （2年生）
25日		しおりづくり （3年生）
28日		図書館オリエンテーリング （3・4年生）
29日		図書館オリエンテーリング （5・6年生）
30日		しおりづくり （4年生）
1日	紙芝居 （1・2年生・特別支援学級）	しおりづくり （5年生）
2日		しおりづくり （6年生）
5日		詩のボクシング （3・4・5・6年生）

■ 全体参加　　■ クラス単位の参加　　■ 参加者募集　　□ 自由参加

【内容】

（1）全員参加イベント

①オープニングセレモニー
　時間：朝の児童朝会　場所：体育館　司会：図書委員長（児童）
　　約2週間に及ぶ読書週間のイベントの開催を全校児童で確認し、クイズ、歌で雰囲気を盛り上げる。

○おはなしクイズ（二者択一形式。10問）
　準備：模造紙半分のサイズの紙に、正誤の答え2種類を書いたものを10問分用意。
　実施：全員を座らせ、二人の図書委員が問題を読む。答えの用紙を持った図書委員20人（2×10問）が待機。1問ごとに図書委員二人が正誤の答えの用紙を順に掲げるので、児童は正しいと思う方で立ち上がる。
　（クイズ例はP.17）

○みんなで歌おう（有名な物語の主人公8人を替え歌で取り上げる）
　準備：「アビニョンの橋の上で」（全員で歌う歌の本歌）のCD
　　　　物語の主人公の絵を描いた全紙大のボール紙（8枚それぞれ図書委員が持つ）
　実施：・概要を司会者が説明した後、図書委員がまずCDとともに「アビニョンの橋の上で」を歌う。
　　　　・図書委員が物語の主人公の絵を掲げていると児童は歌詞の「お坊さんが通る」「紳士が通る」の部分を主人公の名前にかえて歌う。

（2）クラス単位参加イベント

①紙芝居

時間：朝

場所：各教室

準備：公共図書館から、図書委員が演じやすい紙芝居を選んで対象クラスの数だけ借りる。図書委員を二人一組でチーム分けをし、訪問するクラスを決めるとともに紙芝居の練習をしてもらう。教師か司書が仕上がり具合を見て、「合格」を出したら準備完了。訪問するクラスと担当の図書委員は表にして貼り出しておく。

実施：図書委員は図書館に集合し、挨拶の練習をしてから担当クラスに向かい、紙芝居を演じる。

挨拶の文言は以下の通り。

はじめ「おはようございます。図書委員です。朝の紙芝居に来ました。今日の紙芝居は『〇〇〇〇』というお話です。聞いてください」

終わり「これで図書委員会の紙芝居を終わります。ありがとうございました」

（3）自由参加イベント

①図書館オリエンテーリング（出題に答える形の図書館オリエンテーション）

時間：2時間目と3時間目の間（業間）の長めの休み時間。

場所：図書館。

準備：問題用紙を10種類程度印刷。用紙を回収する回答BOX、ミニ賞状を作製。

実施：自由に児童が図書館を訪れ、問題用紙に回答し、BOXに入れる。図書委員が側に立って誘導、アドバイスをする。

締め切り後、司書が採点するとともに、参加者には担任を通じてミニ賞状を授与する。

（問題例はP.119）

②しおりづくり

　時間：2時間目と3時間目の間（業間）の長めの休み時間。
　場所：図書館。場合によっては図工室。

○低学年
　概要：好きな動物を切り抜き、しおりとする。
　準備：・ネット上のフリー素材を利用し、動物の型紙を用意する（使用許可をとる）。
　　　　　　参考サイト：「きつつき工房」(http://www.ne.jp/asahi/kitutuki/kobo/0top/index2.html)
　　　　・上の型紙を色画用紙に数十枚印刷し、各動物ごとに分けて置いておく。
　　　　・はさみとのりを持参するように呼びかけておく。
　　　　・道具を忘れた児童のために、はさみ、のりを集めておく。
　　　　・当日補助を行う係を図書委員の中から決めておく

　実施：・自分の好きな動物を選び、切り抜く。
　　　　・図書委員が手助けをする。
　　　　・切り抜いたら、記名するとよい。
　　　　＊しおりひもを用意し、パンチで穴をあけて通してもよい。

○中学年
　概要：色画用紙のしおり台紙をいろいろに飾って仕上げる。
　準備：・色画用紙をしおりの大きさに切ったものを5色50枚ずつ用意する。
　　　　・色鉛筆やカラーサインペン。型抜き用の色画用紙（日頃から余った色画用紙の端をためておく）。

　実施：・パンチングで型抜きした色画用紙を台紙の色画用紙に貼り、しおりにする。
　　　　・マスキングテープを貼る、絵や文字を添える、などをして仕上げる。
　　　　・できたしおりは各自記念に持ち帰る。

○高学年

概要：連続模様を切り抜き、それを台紙に貼って、しおりとする。

準備：・紺色のような色の濃い画用紙を短冊状に切ったもの（しおり台紙）。
・Ｂ５判コピー用紙に切り絵型を印刷し、横６分の１に切ったもの（数種類）。このときは司書が絵を描いた。
・ホワイトボードにつくり方の注意事項（切り離してよいところ、いけないところ）を書いておく。

実施：・好きな切り絵を選び、切る。
・台紙に貼る。
　＊しおりひもを用意し、パンチで穴をあけて通してもよい。

折りたたんだ紙で模様を切りぬく。

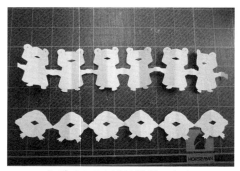
広げてみると連続模様になる。

しおりの台紙に貼ったところ。

資料 ## おはなしクイズ　問題と解答

第1問　グリム童話で、ヘンゼルとグレーテルが森の中で見つけた家は、どんな家でしょう。
　　　　① おもちゃの家　　　② おかしの家

第2問　ルイス・キャロル作『不思議の国のアリス』に出てくる、笑う猫の名前はなんというでしょう。
　　　　① チェシャ猫　　　② キティ猫

第3問　マーク・トウェイン作『トム・ソーヤーの冒険』で、トムの相棒の男の子の名前はなんでしょう。
　　　　① ジャック・ニコラス　　　② ハックルベリー・フィン

第4問　『天空の城ラピュタ』は、スウィフト作『ガリバー旅行記』の、空飛ぶ島の旅がモデルです。そこはガリバーが何番目の旅で訪れた場所でしょう。
　　　　① 3番目　　　② 4番目

第5問　グリム童話「かえるの王さま」で、かえるに変えられていた王子は、どのようにしてもとの王子に戻ったでしょう。
　　　　① お姫様にキスされた　　　② お姫様に投げつけられた

第6問　アンデルセン童話の『人魚姫』は、人間にしてもらうために、魔女に何を差し出したでしょう。
　　　　① 美しい髪の毛　　　② 美しい声

第7問　スティーブンソン作『宝島』に出てくる、片足の海賊ジョン・シルバーは何をペットにしているでしょう。
　　　　① 黒猫　　　② オウム

第8問　ジェイムズ・バリ作『ピーター・パン』に出てくるフック船長が怖がるものはなんでしょう。
　　　　① 時計の音をさせたサメ　　　② 時計の音をさせたワニ

第9問　メーテルリンク作『青い鳥』で、チルチルとミチルが探し求めた幸せの青い鳥はどこにいたでしょう。
　　　　① 思い出の国　　　② 自分の家

第10問　ウィーダ作『フランダースの犬』に出てくる犬の名前はなんでしょう。
　　　　① パトラッシュ　　　② ラスカル

答え
第1問 ②おかしの家　　第2問 ①チェシャ猫　　第3問 ②ハックルベリー・フィン
第4問 ①3番目　　第5問 ②お姫様に投げつけられた　　第6問 ②美しい声
第7問 ②オウム　　第8問 ②時計の音をさせたワニ　　第9問 ②自分の家
第10問 ①パトラッシュ

実践例2　詩で遊ぼう

高桑 弥須子

> **ねらい**
> ・学校図書館に親しみ、読書の楽しさを知る。
> ・読書をすすめ、言葉のリズムを味わい、詩に親しむ。
> ・詩を通して言葉遊びを楽しみ、日本語の美しさにふれる。

※「詩」をテーマにする活動にはさまざまなバリエーションが考えられるので、P.26にその例を収めた。

【実施時期】 6月の読書旬刊（6月14日～6月23日）

学校行事と照らし合わせ、司書教諭、学校司書、教務主任と相談して決定する。

	朝（授業時間前）	業　間	昼の放送	図書の時間
14日	オープニングセレモニー わらべ歌・俳句クイズ・ 詩を歌う		詩の朗読	詩のアニマシオン
15日		詩で遊ぼう（低学年）	詩の朗読	詩のアニマシオン
16日		詩で遊ぼう（中学年）	詩の朗読	詩のアニマシオン
19日		詩で遊ぼう（高学年）	詩の朗読	詩のアニマシオン
20日			詩の朗読	詩のアニマシオン
21日			詩の朗読	詩のアニマシオン
23日			詩の朗読	詩のアニマシオン

■ 全体参加　　■ クラス単位の参加　　□ 自由参加

【内容】

（１）全員参加イベント

①オープニングセレモニー
　時間：朝の児童朝会　　場所：体育館
　司会：図書委員会児童（司会の原稿は P.25）

○わらべうた　「でんでらりゅうば」「はないちもんめ」で遊ぶ
　準備：「でん」「でら」「りゅう」「ば」のそれぞれの手遊びのかたちを全判ボール紙に描いておく。
　　　　各学年2名、舞台で「はないちもんめ」の実演をする児童を決めておく。
　実施：「でんでらりゅうば」の手遊びをする。舞台の上で図書委員が模造紙に描いた絵を示しながら、やってみせたのち、全校児童で行う。だんだん早くしていく。
　　　　次に、あらかじめ頼んでおいた12名（各学年2名）で「花いちもんめ」を舞台の上で行ってみせる。

○俳句　俳句の終わりの5音を当てる三択クイズ　3問
　準備：・問題に出す俳句を書いたものをひと月前から校内の数か所に掲示しておく（模造紙4分の1サイズの千代紙を角に貼るなど、ちょっと風流な雰囲気を）。
　　　　・模造紙半分サイズの紙に正誤の答え3種類を書いたもの（4枚一組）を5問分用意。
　実施：全員を座らせ、問題の俳句と3択の答えの用紙とを持った図書委員4名が舞台に出る。司会者が5音、7音を詠む。1問ごとに答えの用紙を掲げるので、児童は正しいと思うところで立ち上がる。回答後、みんなで問題の俳句を読み上げる。

○詩を歌う「鉄腕アトム」(谷川俊太郎作詞・高井達雄作曲)「星めぐりの歌」
　　　(宮沢賢治作詞・作曲)
　準備：・1か月前から「鉄腕アトム」の主題歌のCD(『手塚治虫作品傑作集　鉄腕アトム』テイチク　1998)と「星めぐりの歌」のCD(『宮沢賢治　星めぐりの歌』コジマ録音　1994)をお昼の放送で毎日流してもらう。
　　　　・「鉄腕アトム」主題歌歌詞を掲示板に貼り出しておく。これは集会当日舞台でも使用する(模造紙4枚を貼り合わせる)。
　　　　・全判のボール紙にアトムの絵を描く。
　実施：・掲示板に貼ってあった歌詞を、舞台上に移して提示し、それを見ながら、みんなで歌う。
　　　　・「星めぐりの歌」が流れる中を退場する。
　　　　※著作権が生きている作品を用いた場合は、制作したイラスト、掲示用の歌詞は、イベント後は速やかに撤去すること。使用が許容されるのは授業、特別活動の間だけである。

②昼の放送を利用した詩の朗読
　概要：・詩放送委員会に依頼して、読書週間期間中、普段の昼の放送プログラムに追加して臨時出演させてもらう。
　　　　・図書委員が二人一組になり、耳で聞いてわかり、楽しめる詩を放送する。同じ詩を2回繰り返す。
　準備：・詩の選択。図書委員の担当決めと朗読練習。教室でみんなが聞き取れるように、「とりわけゆっくり、はっきり、ていねいに」。
　　　　・はじめと終わりのアナウンス。
　　　　・はじめ「皆さんこんにちは。図書委員です。読書週間中、毎日ひとつ、楽しい詩をお届けします。今日の詩は○○です。聞いてください」。
　　　　・終わり「皆さん、楽しくお聞きいただけましたか？　図書館にはこのような言葉遊びの詩がたくさんあります。見に来てください。きょうの詩を終わります」
　実施：1日目「そうだ村の村長さん」(阪田寛夫)
　　　　　二人で楽しくリズミカルに、声を合わせて読む。
　　　　2日目「かく」(川崎洋)
　　　　　1行を前半と後半に分けて、二人で読む。
　　　　　例　A：「あたまをかくのは」　B：「ぼくのくせ」……
　　　　3日目「アンケート　おとうさんをなんとよびますか？」(阪田寛夫)
　　　　　1行を前半と後半に分けて、二人で読む。

例　A：「オットセイの子」　B：「オットー」……

4日目「けんかならこい」（谷川俊太郎）

　二人で楽しくリズミカルに、声を合わせて読む。

5日目「せかいびょういん　まちあいしつ」（阪田寛夫）

　1行ずつ交代で読む。駄じゃれなので、うまく意味が伝わるように読む。

　　　例　A：「きみは　どこか　わるいのか」　B：「パラグアイ」（腹具合）……

6日目「ことばのけいこ」（与田準一）

　二人で楽しくリズミカルに、声を合わせて読む。

7日目「つるつるとざらざら」（谷川俊太郎）

　それぞれの連で、1行目をAB二人で読む。A：2行目、B：3、4行目を読む。

8日目「ぼうは　ぼう」（まどみちお）

　二人で楽しくリズミカルに、声を合わせて読む。

参考図書『しゃべる詩あそぶ詩きこえる詩』はせみつこ 編／飯野和好 絵　冨山房
　　　　『みえる詩あそぶ詩きこえる詩』はせみつこ 編／飯野和好 絵　冨山房
　　　　『どきん　谷川俊太郎少年詩集』谷川俊太郎 著／和田誠絵　理論社
　　　　『だじゃれはだれじゃ　まどさんとさかたさんのことばあそびⅡ』まどみちお・阪田寛夫 著／かみやしん 絵　小峰書店
　　　　『まどさんとさかたさんのことばあそび』まどみちお・阪田寛夫 著／かみやしん 絵　小峰書店

（2）クラス単位参加イベント

①詩のアニマシオン

時間：割り当て図書の時間　　場所：図書館

準備：考える詩、言葉遊びの詩など、自分なりの加工がしやすい詩を、低学年・中学年・高学年用にそれぞれ数編ずつ選ぶ。その詩の一部分を変えたり、付け足したりできるようなプリントをつくっておく。

実施：授業時間に国語科の一環として（P.26にバリエーション）

○「男の子ってなんでできてる？」（マザーグース）（低学年～高学年）

　マザーグースは英語圏のわらべうた。その中のひとつを下敷きに自己紹介をする。はじめに英語で音読しても楽しい「男の子ってなんでできてる？」（谷川俊太郎訳『マザーグースのうた 第1集』草思社）の詩をなぞって「わたし（ぼく）って　なんでできてる？」と始める。チョコレート、ハンバーグなどの好きな食べ物、トランプやゲームなど好きなこと、リボンや人形など好きなものといった好きな事柄や趣味を持ってくれば、たやすく考え付くだろう。やさしさ、明るさ、元気など、性格的な特徴を入れてもよい。尊敬する人やいつも考えていることなど、何を入れてもよい。

自己紹介ではなく、定義づけの詩にしてもよい。学年が上がれば抽象的なテーマを持ってくることもできる。「いのちって　なんでできてる？」「友情って　なんでできてる？」というように、その言葉に対するイメージを膨らませていく。要素が決まったら次は「詩」としてのリズムも考え、言葉を整えてみる。（原詩はP.27）

○「未確認飛行物体」（入澤康夫）（低学年〜高学年）
　「薬缶だって／空を飛ばないとは限らない」と始まる。水を満たした薬缶が、夜ごと、空を飛んで、砂漠に咲く一輪の花のもとに行くという詩である（『春の散歩』青土社ほか）。「○○○だって、△△△とは限らない」という流れで、言葉と言葉を並べる。その意外な組み合わせから素敵なドラマが生み出されてくるだろう。「木馬だって、街を走り回らないとは限らない」「ミイラだって、お化粧しないとは限らない」

○低学年
　岸田今日子の「いろんなおとのあめ」（国語教科書　東京書籍２年）。「あめ　あめ／いろんな　おとの　あめ／はっぱに　あたって　ぴとん／…」と「○○にあたって○○」と、ものと擬音語との対比が続く。これを広げて、いろいろなものに当たる雨の音を想像する。「ランドセルにあたって　ぺたん」「ぼくのあたまに　するん」など。
　Ｂ４判コピー用紙を縦半分に切り、好きな色マジックで書く。それを掲示しても楽しい。描ける児童には絵も描いてもらう。

○中学年
　金子みすゞの「ふしぎ」（国語教科書　教育出版４年、大阪書籍３年）。「わたしは　ふしぎで　たまらない、／くろい　くもから　ふる　あめが、／ぎんに　ひかっている　ことが。」と、自然界の不思議をうたっている。作者をまねて周りを見回してみて、ちょっとした「ふしぎ」を詩にしてみる。

○高学年
　北川冬彦の「雑草」（国語教科書　教育出版６年）。これは、「あたりかまわず／のび放題にのびている／この景色は胸のすく思いだ、」と、その生命力を賛美している。児童にとって身近な雑草は、各自がイメージを描きやすいだろう。自分なりの「雑草」の詩をつくることができる。その助けとして、同じ「雑草」というタイトルの別の詩、大関松三郎の「雑草」（『山芋』百合出版）を紹介する。これは「おれは雑草になりたくないな」と始まる。「だれからもきらわれ／芽をだしても　すぐひっこぬかれてしまう」と目の敵にされる雑草だが、「よくもまあ　たえないものだ」と感嘆の

念を持ち「強い雑草／強くて　にくまれもんの雑草」と複雑な思いをつづる。これら二つの「雑草」を参考にして創作するのだが、最初の一行を指定する。
「ぼく（わたし）は　雑草に　○○○○○○」と、雑草になりたいか、なりたくないか、その宣言を一行目に書く。雑草になりたい、あるいは雑草になりたくない、そこから自分の考えを広げて、雑草について言葉を連ねていけるようにする。

（3）自由参加イベント「詩で遊ぼう」

①詩に参加する

　時間：業間休み時間　　場所：視聴覚室（机のない広い場所）
　準備：紹介する詩を模造紙に書く。
　　　　図書委員は紹介する詩の音読を練習する。
　　　　低学年……まどみちお童謡CD（『ぞうさん　まどみちお童話集』King Record 2007）
　　　　中学年……「勝手なコーラス」（草野心平）の「ぐ」の行、「き」の行など、各行を記したガード（名刺大）を4枚ずつ。
　　　　高学年……ソーラン節CD（『ソーラン節　日本民謡集』日本コロムビア　1988）
　　　　全学年共通……『のはらうた』
　実施：○全学年共通『のはらうた』（工藤直子　童話屋）より「おれはかまきり」をみんなで音読する。
　　　　つぎに、いろいろなキャラクターになりきって音読してみる。声の調子を考えて音読する（音の高さ、速さ、間を工夫する）。言葉尻で変化をつける。
　　　　　・子どもかまきりになって言ってみよう。
　　　　　・おじいさんかまきりになって言ってみよう。
　　　　つぎに、希望者に一人で音読してもらう。この場合は言葉を変えてもよしとする。「○○でいきます」と言ってから音読してもらう。はじめに図書委員が例を示す。
　　　　例・かまきりたらお（サザエさんのタラちゃん）「おう、なちゅでちゅ……」
　　　　　・かまきりはなこ「いぇい、なつだわさ…」
　　　　　・サムライかまきり「おう、なつでござる…」
　　　　　・福島弁で「おう　夏だベサ！…」　など

○低学年
　『まど・みちお全詩集』理論社
　まどみちおCDをながしながら「ぞうさん」を歌う。
　次に、まどみちおさん自身がつくった替え歌「とうさん」を歌う。

○中学年
　『しゃべる詩あそぶ詩きこえる詩』（はせみつこ編　冨山房）より「勝手なコーラス」（草野心平）
　児童が会場に入るときに、用意した各行の札を1枚ずつ配る。「ぐ」から「あ」まで一巡したら2巡目に行き、役割が抜けることのないようにする。
　・草野心平「勝手なコーラス」を音読する。
　はじめは全員で音読する。うまく声を合わせられるよう、図書委員がリードする。
　次に「ぐのかえる」「きのかえる」など、数人ずつ役割分担をして、司会の図書委員が「ぐ」「き」と呼んだら、呼ばれた人が自分の担当行を音読する。

○高学年
　・運動会で踊る「ソーラン節」の背景と歌の意味を簡単に説明する。労働歌である。
　・歌詞を意識しながら、その場の雰囲気でできる程度、体も動かして歌う。

②詩のボクシング
　時間：業間の休み時間
　場所：机のない学習室
　準備：実施1か月前から1週間前くらいまでの間、出場者を募集する。出場者が決まったら、赤チーム、青チームに分けておく。出場者は自分の好きな詩を選び、朗読の練習をしておく（できるだけ暗記する）。当日は試合会場になる教室の中に赤コーナー、青コーナーを設け、選手の名前を模造紙に書いてそれぞれのコーナーに掲示しておく。黒板にはリングの絵を描いておく。
　実施：係児童（図書委員）が「青コーナー○○さん、赤コーナー△△さん」と出場者の名前を読み上げ、呼ばれた者は中央に出て選んだ詩を音読する。暗唱が望ましいが、原稿を見てもよい。本来「詩のボクシング」は楠かつのり（日

本朗読ボクシング協会会長）が考案した、自作の詩を読み上げ聴衆の心をより大きく動かした者を判定するイベントだが、小学生には難しいため、お気に入りの詩を読み上げる場とした。また優劣の判定は行わなかった。

資料① オープニングセレモニー　司会原稿

図書委員：きょうから○○小学校読書週間がはじまります。テーマは「詩と遊ぼう」です。

　詩は、ことばです。ことばには音とリズムがあります。ぼくたちは生まれた時から自然に、ことばといっしょに遊んできました。昔から子どもたちが遊んでいる「わらべうた」も、ひとつの詩です。まず、みんなで指の体操をしましょう。図書委員がやってみます。
　　でんでらりゅうば………♪

　さあ、みなさん、いっしょにやってみましょう。
（はじめはゆっくり、５回くらいくり返す。適当なところで止める）
　ひとりで遊ぶのもおもしろいですが、みんなで歌って遊ぶと、もっと楽しくなります。こんな遊びをしたことがありますか。
（舞台の上で「花いちもんめ」を実演する）
　みなさんもあとでいっしょに遊んでください。

　わらべうたと同じように古い、詩の遊びがあります。○○小のわたしたちは、冬になると１年生の時から遊んでいます。なんでしょう。そう、百人一首です。これもまた「詩」です。この５・７・５・７・７のように、音の数が決まっている詩を「定型詩」といいます。世界で一番短い定型詩が「俳句」です。俳句は５・７・５ですね。次の俳句のおわりの５音がどんなことばか、あててください。

菜の花や　月は東に　□□□□□（蕪村）　答えは　日はしずむ　　日は西に　　日はくれる　（それぞれの用紙を掲げる）
しずかさや　岩にしみいる　□□□□□（芭蕉）　答えは　水の音　　風の音　　蝉の声　（それぞれの用紙を掲げる）

古池や　かわずとびこむ　□□□□□（芭蕉）　答えは　|水の音|　|水の影|　|波の音|
（それぞれの用紙を掲げる）

　さて、みなさん。詩人といったらだれの名前を思い出しますか？

　ぼくたちが一番親しんでいる詩人は、谷川俊太郎さんです。図書館からも毎年たくさんの詩を紹介しています。3年生の国語の教科書に載っている『かえるのぴょん』は谷川さんの詩です。

　谷川さんの詩には曲が付いたものもたくさんあります。これも谷川さんの詩です。アトムの歌です。みんなで歌いましょう。
（アトムのテーマ音楽を流す）

　アトムが飛ぶ星のかなたはどのような景色でしょうか。星といえば、宮沢賢治さんの『銀河鉄道の夜』を思い出す人も多いでしょう。宮沢賢治さんが星をうたった自分の詩に曲を付けました。「星めぐりの歌」です。これを聞きながら退場します。今日から読書週間です。本を読み、ことばで遊び、やわらかな心をそだてましょう。これで、読書週間始まりの集会を終わります。
（『星めぐりの歌』のCDを流す）

資料②

詩のアニマシオン（→P.21）のバリエーション

○「明るい悪口大会」（「わるくち」『いちねんせい』谷川俊太郎 作／和田誠 絵　小学館）

　谷川俊太郎の「わるくち」という詩では、
　「ぼく　なんだい　といったら／あいつ　なにが　なんだいと　いった」
と、言い合いが始まる。やがて
　「ぼく　がちゃらめちゃら　といったら／あいつ　ちょんびにゅるにゅる　といった」
と続き、そのうち
　「そのつぎ　なんといえばいいか／ぼく　わからなくなりました」
となる。

　この「ぼく」を助ける言葉を考える。ただし、「明るい悪口大会」として、「デブ」「ちび」「ばか」など、相手をおとしめるものはやめる。大声で言って、笑ってしまうような悪口をひねり出すよう促す。

考えられたら、一人ずつ「ぼく」と「あいつ」になって、順番に大声で悪口を叫ぶ。審査員団を選び、「ぼく組」「あいつ組」にわかれて一人ずつ選手を出し、どちらが長く続けられるか、どちらがうまい悪口を考え出せるかを競ってもよい。

○「**くんぽんわんたんあんぽんたん**」（「くんぽんわん」『いちねんせい』谷川俊太郎 作／和田誠 絵　小学館）
　「こいぬが　くん／きつねが　こん／きじなら　けん／ぴかぴか　きん」と続く詩は3連で終わっている。「○ん」という言葉をたくさん見つけて、それに合う言葉をつけて、4連、5連と続けていく。チーム活動にしてもよい。

資料③

What are little boys made of?

What are little boys made of?
What are little boys made of?
Frogs and snails,
And puppy-dog's tails,
That's what little boys are made of.

What are little girls made of?
What are little girls made of?
Sugar and spice,
And all that's nice,
That's what little girls are made of.

（「マザーグース」より）

【解説】
はずむよリズム

　今まで勤めた学校のうち、年に2回の読書週間を持つことができる学校では、そのうちの1回は、いつも「詩」をテーマとしていました。何年続けても、ネタ切れとなることはありません。

　詩は言葉です。言葉には音とリズムがあります。人が言葉を獲得して人となったその時点から、人は言葉を使い、歌ったり、物語ったりすることを楽しんできました。人を人たらしめている言葉、それは詩です。

　「あ」と一音発しただけで十人十色、五人がひとりずつ、好きな高さと調子で「あ」と声を出せば、それだけでもう一編の詩です。また、同じ人でも発し方次第で千種万様になりますし、日本語では「五十音」という行・列の仕組みもおもしろい。

　国語の教科書には必ず詩の教材が掲載されています。しかしそこで触れることができるのは、限られた詩の、さらに、限られた読み方です。光を別の方向から当てると、違う面が見えます。授業という枠を少しずらすだけで、同じ詩でも全く別の味わいが出てきます。

　何もないところから「詩」を生み出すのは、誰もがすぐにできることではないかもしれません。でも、すでにある作品を見て、まねをしたり、なぞったりすることは誰でもできます。おや？という詩を見つけて、あれこれやっているうちに、おや、一丁上がり。いつのまにか自分も詩人。

　詩で、遊ぶことができます。言葉遊びをすることで、自分の言葉を探れます。「この樹登らば鬼女となるべし□□□□□」（三橋鷹女・□は「夕紅葉」）。「分け入っても分け入っても□□□□□」（山頭火・□は「青い山」）。この□に何を入れるか考えよう。どんな言葉をここに持ってくるのか、自分の言葉のイメージを、自分で確かめられるでしょう。

　テンプレートに乗っかった言葉遊びもまた一興。河竹黙阿弥『青砥稿花紅彩画（あおとぞうしはなのにしきえ）』、ご存知、白浪五人男。「問われて名乗るもおこがましいが　生まれは□□□在、□□の年から□□□、□□□……、□□□はすれど、□□□はせず、……」と、タンカを切って自己紹介。言葉遊びは無限大。

　詩で、感動を伝えることができます。世界はあまりに美しい。人はあまりにいとお

しい。そのときのその気持ちを、見たこと感じたことを、言葉に乗せて、音律の額縁に入れることができます。たとえば、椋鳩十の「心の海」(『詩画集　いのちの讃歌』理論社)は「何と　人間は……」と始まり、続いて「美しい　言葉の海を　つくるんだ」と、感嘆の思いをつづります。わたしたちも美しいもの、温かいもの、愛しいことに、思いをはせましょう。そして「何と　人間は　／　□□□……」と、人間の奥深さを考える言葉を続けましょう。

　詩で自分自身を見つめることができます。谷川俊太郎『生きる』は、すでに世間に流布し、みんなの「生きる」が本にもなっています。それぞれのクラスで「生きるということ」を詩につづるのも素敵です。同じ谷川俊太郎「学ぶ」(『すき』理論社)も同様に、自分の学びを考えられます。「わたしは学ぶ　／　□□□に学ぶ　／　□□□……」と続けましょう。

　詩で、世の中に訴えることができます。詩で、広い世界を言葉で飛び回ることもできます。詩は、世界を彩り豊かなものにします。

　自由に遊べる時間に、詩を、まな板にのせてみましょう。調理人次第でなんと大きく広がるのでしょう。詩は、世界にあふれかえっていて、わたしたちが手を伸ばすのを待っています。

実践例3 むかしばなしワールドへようこそ
― 日本にむかしから伝わるお話をよもう

牛尾 直枝

ねらい
- 学校図書館に親しみ読書の楽しさを知る。
- 図書委員会の自主的な活動の機会をつくる。
- 昔話の面白さを知り、昔話の持つイメージを感じる。

【実施時期】 秋の読書月間（11月4日〜12月4日）

　期間・日程は学校行事を勘案し、校内図書館部会（教務主任、司書教諭、学校司書、学年図書館担当者）で相談し、職員会議を経て決定する。

	朝（授業時間前）	昼休み	授業時間	休み時間
4日	オープニングセレモニー 読書月間のイベントについての説明			
……			昔話のブックトーク	むかしばなしよんだよカードの記入
17日		むかしばなし検定		
……				
24日		むかしばなしの世界を折り紙で折ろう		
……				
4日		エンディングセレモニー		

■ 全体参加　■ クラス単位での参加　■ なかよしグループでの参加
□ 自由参加

※なかよしグループについてはP.37参照

【内容】

（1）全員参加イベント

①オープニングセレモニー
　時間：朝の児童朝会　　場所：体育館　　司会：図書委員会（児童）

　○ウォーミングアップ
　『かにむかし』（木下順二 作　清水崑 絵　岩波書店）の群読をした。

　○パワーポイントを使った**読書週間でのイベントの紹介**
　準備：・司書と図書委員会児童とで行事の概要のパワーポイントをつくる。
　　　　・当日は司書教諭、司書、図書委員会の児童で機材を会場（体育館）に運び、セッティングをする。
　実施：・パワーポイントで示しながら、読書週間のイベントを司会の図書委員が紹介していく。

（2）なかよしグループでの参加イベント

　時間：ロング昼休み※　　場所：グループの先生の教室

※本校では1週間に1日、通常は掃除の時間となる昼休み後の時間を昼休みにつけ、通常より長く設定された昼休みがある。

①むかしばなしの世界を折り紙で折ろう
　準備：・折り紙の折り方を記したプリントを、必要な枚数だけコピーしておく。
　　　　・他校、公立図書館より、昔話の本を借りる。
　　　　・折り紙を貼る台紙
　　　　・なかよしグループのそれぞれに番号を割り当て、担当する教員を決めておく（5～6グループに一人の教員がつく）。

実施：・なかよしグループは担当の教員の教室へ、折り紙、のり、クレヨン、はさみを持っていく。
　　　・グループの中で、分担（どの登場人物を折るか、つくったものを貼る、背景を描くなど）を話し合う。
　　　・折り方が書かれているコピーを参考に折り紙を折る。ひとつの教室は、同じお話を折る。
　　　・折った折り紙を台紙に貼る。
　　　・お話を書く。
　　　・背景、会話などを付け加える。
　　　・出来上がった作品は、お話別に展示し、後日全員で見る。

　　　　　　参考図書『指先から知能をはぐくむ　おりがみ1　どうぶつ』エキグチクニオ 著　偕成社
　　　　　　　　　　『ひとりでおれる　たのしい！おりがみ』本郷折紙研究所 編　大泉書店
　　　　　　　　　　『遊ぶ・かざる・使うデザイン折紙4　四季の折り紙』山梨明子・丹羽兌子 監修　学研プラス

② むかしばなし検定に挑戦

なかよしグループで話し合い、クイズの答えを出す。

時間：昼休み　　場所：体育館

準備：・司書教諭と司書で問題をつくる（→P.34）。
　　　・解答用紙を兼ねた問題用紙をつくる。
　　　・賞状（1級から5級までのグループに認定書を渡す）。

実施：・なかよしグループの高学年が低学年を迎えに行き、体育館へ行く。
　　　・体育館の前方に用意されているグループ札のところに座る。
　　　・図書委員が開会宣言をし、その後ルールを説明し、始める。
　　　・用紙を図書委員が1問ずつ配る。
　　　・問題を担当の図書委員が読み上げ、解答を用紙に記入してもらう。
　　　・解答を図書委員が発表し、間違えた時点でグループは体育館の後方に下がり、待つ。
　　　・図書委員は、各グループが何問正解したのかを記録用紙に書く。
　　　・正解数に応じて後日、認定証（→P.35）を担任より、手渡してもらう。

（3）自由参加の取り組み

①むかしばなしよんだよカード（「たろうのつくおはなし」を3つ読む課題を含む）の記入
　― たろうがつくむかしばなしをさがそう ―
　準備：・むかしばなしよんだよカード（たろう話を含め、10話が記入できる
　　　　　→P.35）を担任を通じて配付しておく。
　実施：・図書の時間を1時間使い、図書館で司書が昔話のブックトークをする。
　　　　・ブックトークの後、カードを配り昔話を読むことをすすめる。
　　　　・10話読み、カードがいっぱいになったら図書館に提出する。引き換えに
　　　　　児童には、「もう一さつかりられますけん」（→P.36）を渡す。

（4）エンディング

①校内放送で読書週間の終わりを告げる
　・日本各地に昔話があることを確認する。
　・外国にも昔話があることを話し、外国の昔話も読むことをすすめる。
　・読書週間の終了を伝える。

資料① ブックトークで紹介した本

テーマ 「にほんのむかしばなし」

『だんごどっこいしょ』　大川悦生 作／長谷川知子 絵　ポプラ社
『ねずみのすもう』　大川悦生 作／梅田俊作 絵　ポプラ社
『まめっこころころ』　吉沢和夫 文／斎藤博之 絵　ほるぷ出版
『しょうとのおにたいじ』　稲田和子 再話／川端健生 画　福音館書店
『さんまいのおふだ』　松谷みよ子 再話／遠藤てるよ 絵　童心社
『やまんばのにしき』　松谷みよ子 文／瀬川康男 絵　ポプラ社
『こめんぶくあわんぶく』　松谷みよ子 文／太田大八 絵　ほるぷ出版

資料② むかし話（日本）検定　問題と解答

第1問　つぎの登場人物が出くるむかし話は？

① おむすびころりん　　② かにむかし　　③ ももたろう

第2問　つぎの登場人物が出てくるむかし話は？

① うらしまたろう　　② かぐやひめ　　③ したきりすずめ

第3問　はなさかじいさんはポチに山のてっぺんに連れていかれ、ポチからなにか言われます。なんと言われたのでしょう？
　　　① ここほれワンワン　　② ここみろワンワン　　③ ここひけワンワン

第4問　はなさかじいさんがポチのいわれたとおりにすると出てきたものは何だったのでしょう？
　　　① うす　　② おおばんこばん　　③ 灰

第5問　こぶとりじいさんは、二人のおじいさんが登場します。さて二人のおじいさんのかおは？
　　　① さいしょから二人ともこぶがついている
　　　② とちゅうで二人ともこぶをつけられる
　　　③ さいしょ二人ともこぶはついていない

第6問　やさしいおじいさんは、だれにこぶをとってもらったのでしょう。
　　　① ねずみ　　② きつね　　③ おに

第7問　かぐやひめのおはなしでおじいさんはたけやぶの中でひかりかがやくたけをはっけんします。さてそのたけは、何色にかがやいていたのでしょう。
　　　① あか　　② あお　　③ きんいろ

第8問　かぐやひめが月にかえるときにおじいさんたちにのこしたものは、なんですか。
　　　① おじいさんたちにまだわたしていなかった金銀ざいほう
　　　② かぐやひめがおったはた　　③ としをとらないくすり

答え
第1問 ②かにむかし　　第2問 ③したきりすずめ　　第3問 ①ここほれワンワン
第4問 ②おおばんこばん　　第5問 ①さいしょから二人ともこぶがついている
第6問 ③おに　　第7問 ③きんいろ　　第8問 ③としをとらないくすり

資料③　認定証

むかし話認定証について

　むかし話検定で、全問正解者には、1級の認定証を配付します。
　1問間違えたら、2級、2問間違えたら3級の認定証を渡します。

資料④　むかしばなしよんだよカード

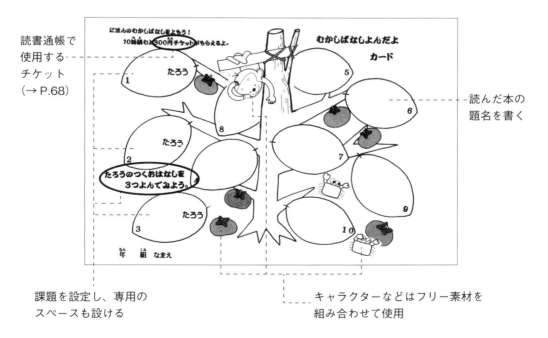

読書通帳で使用するチケット（→P.68）

読んだ本の題名を書く

課題を設定し、専用のスペースも設ける

キャラクターなどはフリー素材を組み合わせて使用

資料⑤ 貸出優待券

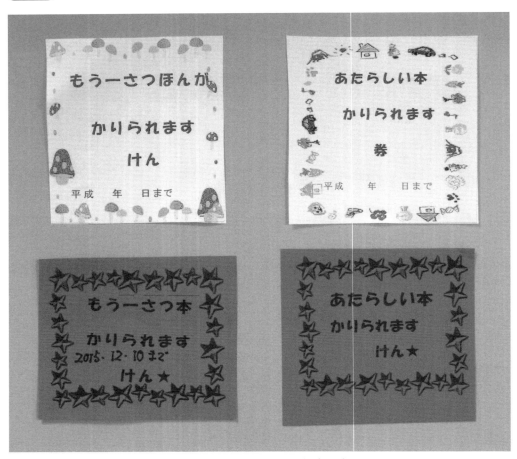

課題をクリアしたときなどに児童に渡す。

【解説】
オープニングセレモニーと他学年交流について

オープニングセレモニー

　読書月間のオープニングには、私の勤務する学校ではパワーポイントを使い、イベントの内容紹介を行っています。全校を体育館に集めて行うため、大画面で紹介することができるパワーポイントは使い勝手がよく、また、動画を入れられたり、音声を加えることができたりするので大変楽しい発表をすることができます。

　図書委員会児童と話し合いながら、自分たちの紹介したいことをパソコン上で変更を加えて、つくることができます。図書館でパソコンを囲み、画面を出すタイミング、発表の声の出し方などの練習を積み、その後体育館にパソコンを設置し、リハーサルを行い、本番を迎えます。

　パワーポイントを使わずにオープニングセレモニーを行う場合は、模造紙を使って内容を書く方法もあります。その場合は、なるべく大きな文字で、遠くの児童も見えるような配慮が必要です。また、寸劇で内容の紹介をすることも楽しいです。

他学年交流

　勤務校では、読書月間のイベントを縦割り学年で行っています。二人組の「なかよしペア」と６人一組の「なかよしグループ」があります。
「なかよしペア」とは、１年生と６年生、２年生と４年生、３年生と５年生でつくるペアです。
「なかよしグループ」とは、１年生から６年生までが一人ずつ入った縦割りのグループです。もともとは、全校遠足、給食などの際に活動していましたが、読書活動もそこに加えることにしました。低学年は、高学年の子どもを慕い、高学年の子どもは低学年の子どもをかわいがる姿が多く見られます。読書月間での活動は、各学年のそれぞれに合う役割分担を６年生が行い、学級では見られない姿が多くの場面で見受けられます。

　毎回イベントおいて、「なかよしペア」「なかよしグループ」「クラス」単位での活動を組み入れるように工夫しています。

実践例4 ザ！ じんたい
―本をよんで体ふしぎはっけん

牛尾 直枝

> **ねらい**
> ・学校図書館に親しみ読書の楽しさを知る。
> ・図書委員会の自主的な活動の機会をつくる。
> ・人体の本を読んだり、体験することにより楽しく自分の体を知る。

【実施時期】秋の読書週間（11月9日～11月30日）

　期間・日程は学校行事を勘案し、校内図書館部会（教務主任、司書教諭、学校司書　学年図書館担当者）で相談し、職員会議を経て決定する。

	朝（授業時間前）	業間休み	授業中	昼休み
9日	オープニングセレモニー 全校による論語の素読		アニマシオン（1・2年生）	
10日			アニマシオン（3年生）	
11日			ブックトーク（5年生）	
14日			ブックトーク（6年生）	
15日				骨を知る広場
17日		頭とおなか・目を知る広場		
21日			アニマシオン（4年生）	
24日		頭とおなか・目を知る広場		
25日		頭とおなか・目を知る広場		
29日				からだはかせ選手権大会
30日				エンディングセレモニー

■ 全体参加　　□ クラス単位での参加
■ なかよしペア・なかよしグループでの参加

※「なかよしペア」「なかよしグループ」については P.37 参照

【内容】

（1）全員参加イベント

①オープニングセレモニー

　時間：朝の児童朝会　　場所：体育館　　司会：図書委員会（児童）

○ウォーミングアップ

　イベントでの一体感を高めるためクラスごとに論語の素読と現代語訳の発表をした（→P.47）。

○**パワーポイントを使った読書週間でのイベントの紹介**

準備：・司書と図書委員会児童とで行事の概要のパワーポイントをつくる。

　　　・当日は司書教諭、司書、図書委員会の児童で機材を会場（体育館）に運び、セッティングをする。

実施：・パワーポイントで示しながら、読書週間のイベントを司会の図書委員が紹介していく。

（2）なかよしペア・なかよしグループでの参加イベント

①骨を知る広場　～おどるガイコツをつくってみよう～

人体骨格の略図を切り抜き、骨について興味を持つ。

　時間：業間休み

　場所：各なかよしグループの教室

　準備：・人体の骨の絵　・黒い人体図

　　　　・「おどるガイコツ※」のプリント

　　　　・はさみ、のり

　実施：・ガイコツのプリントをペアに1組ずつ配る。

　　　　・頭、腕、足、胴体などをプリントの絵のとおりに切り抜き、その骨を部位に分け、黒い人体図に貼りつけていく。

　　　　・ガイコツの絵を指示通りにはさみで切り抜く。手足を折り曲げ、ガイコツを動かし、遊ぶ。

※『ものづくりハンドブック4』（「たのしい授業」編集委員会　編　仮説社）掲載のものを許可をとって使用。

②目を知る広場　～あてにならない目の体験・実験～

時間：業間休み　　場所：理科室

○かがみを見ながら、じょうずに絵がかけるかな

準備：・鏡
　　　・星の書いてあるプリント（→ P.45）

実施：・はじめにプリントの星型の道の中を縁に触らないように、えんぴつで線を引いてみる。
　　　・次に鏡に絵を映し、それを見ながら、星型の道の中を、縁に触らないように、指でたどっていく。

○手の中にけしきが見える

準備：A4判コピー用紙またはラップの芯

実施：・コピー用紙を筒状に丸め、右手に筒を持ち、左手を筒の横に添える。
　　　・両目を開けて遠くを見る。すると手のひらに穴があき、景色が見える。

参考図書：『実験しよう！からだのなぞ②てのひらに穴が！?』斉藤ふみ子・大関直樹 文／坂井達雄 監修　汐文社

③頭とおなかの広場　～内臓の大きさ・長さ・おしっこの量～
　時間：業間休み　　場所：図工室
　準備：・人体模型　・新聞紙　・ビニール袋　・水　・ひも
　実施：・頭の中がどうなっているのかを人体模型を使って、図書委員が説明する。
　　　　・新聞紙をしわに丸め、頭の中のしわの様子を見せる。
　　　　・その後、本の紹介をする（参考図書参照）。
　　　　・1日のおしっこの量と同じ量の水をビニール袋に入れ、量と重さを実感する。
　　　　・腸の長さのひもを用意し、伸ばして長さを見る。

　　　　　　　　　　　参考図書：『ふしぎびっくり！？ こども図鑑からだ5』阿部和厚 監修　学研プラス
　　　　　　　　　　　　　　　　『ニューワイド学研の図鑑　人のからだ』学研プラス

④かいさい！　〇〇小からだはかせ選手権大会
　なかよしグループで話し合い、クイズの答えを出す。
　時間：昼休み　　場所：体育館
　準備：・司書教諭と司書で問題をつくる（→P.44）。
　　　　・解答用紙を兼ねた問題用紙をつくる。
　　　　・賞状（優勝チーム全員に渡す）
　実施：・なかよしグループの高学年が低学年を迎えに行き、体育館へ行く。
　　　　・体育館の前方に用意されているグループ札のところに座る。
　　　　・図書委員が開会宣言をし、その後ルールを説明し、始める。
　　　　・用紙を図書委員が1問ずつ配る。
　　　　・問題を担当の図書委員が読み上げ、答えを用紙に記入してもらう。
　　　　・解答を図書委員が発表し、間違えた時点で、そのグループは体育館の後方
　　　　　に下がり、待つ。
　　　　・最後に残ったチームが優勝となる。
　　　　・後日、賞状を担任より渡してもらう。

（3）自由参加のイベント

①からだはかせカードの記入
　― からだの本を読んで、からだはかせになろう ―
　準備：・からだはかせカード（→P.46）を配付する。
　実施：・カードに体についての問題が書いてあるので、本で調べて答えを書いていく。
　　　　・全問答えが正解の児童に、「あたらしい本かりられます券」（→P.36）を渡す。

（4）クラス単位での参加イベント

①**人体についてのアニマシオン**
○低学年
　・『しゃっくりがいこつ』（マージェリー・カイラー 作／S.D. シンドラー 絵／黒宮純子 訳　セーラー出版）を用いて。
　時間：図書館割り当ての時間、前半25分間アニマシオンを行う。
　準備：・「これあったかな？ なかったかな？」カード。本に登場している道具をもとにカードをつくる。
　実施：・あらかじめ今日はアニマシオンをすることを伝えた上で、読み聞かせを始める。
　　　　・読み聞かせをしたあと「これあったかな？ なかったかな？」カードを配り、描かれているイラストの道具がお話の中に出てきたかどうか、○か×で答えさせる。
　　　　・もう一度絵本を読み聞かせ、確認をさせる。

○中学年
　・『たべもののたび』（かこさとし 作　童心社）
　時間：図書館割り当ての1時間
　準備：・本の各ページのカラーコピー…A
　　　　・各ページの絵の説明を書いたカード…B
　実施：・Aのコピーを持つグループとBのカードを持つグループの二つに分かれる。
　　　　・向かい合って2列に並び、自分の持っているカードやコピーと合う相手を見つける。
　　　　・すべてのグループがペアになったら、そのカードやコピーを、食べ物が口から入り、体の外に出ていくまでの順番どおりに並べていく（みんなで話し合いながら、決めていく）。
　　　　・最後に読み聞かせをし、全員で確認する。

②**人体についてのブックトーク**
・5年生、6年生に同じテーマでブックトークを行う。

テーマ「脳はなんでも知っている」
　まず、ショートショート『頭の大きなロボット』（星新一 作／和田誠 絵　理論社）の全文を読み聞かせ、すばらしいロボットの脳を紹介。しかし、ロボットにはない不思議なすばらしい力が人間の脳にはある、として『感じる・かんがえる―脳・神経』（鈴木喜代春・鈴木隆 作　岩崎書店）を取り上げる。たとえば、見たり聞いたりも脳の働きだ、と話し、『からだを知る本7　見える？見えた　目』（加藤秋成 著　草土文化）を見せて、目の働きも脳からの指令だと説明する。その一方で、脳も間違えて見ることもあることにもふれる。次に『すばらしい人間のからだ　私たちは感覚器です』（アリオ・ズイッリ 文／アレッサンドロ・パチーニ 絵／稲垣洋子 訳　リブリオ出版）を紹介して、聞くことも脳の仕事であること、耳と脳の関係についても解説し、そこから、人の体はすべて脳によって動かされている事を『人のからだのなぞ21』（毎日小学生新聞編集部 著／うちやまだいすけ 画　偕成社）を読みながら説明する。

（5）エンディング

①**校内放送で読書週間の終わりを告げる。**
・人の体には、ふしぎなことがたくさんあることを伝える。
・これからもたくさん人の体の本を読み、自分の体について知ることの大切さを話す。
・読書週間の終了を伝える。

資料① からだ博士選手権大会　問題と解答

問題

第1問　おとなとこどもでは、ほねのかずはどちらがおおいでしょう。
　　　　　① おとな　　　　② こども　　　　③ おとなもこどももおなじ

第2問　からだの表面で、毛がはえていないのはどこでしょう。
　　　　　① おなか　　　　② 足のうら　　　③ せなか

第3問　胃がのびちぢみするのは胃がなにでできているからでしょう。
　　　　　① スポンジ　　　② ゴム　　　　　③ 筋肉

第4問　おしっこのできるばしょはどこでしょう。
　　　　　① 心臓（しんぞう）　　② 小腸（しょうちょう）　　③ 腎臓（じんぞう）

第5問　よいうんちとわるいうんちがありますが、よいうんちはどれでしょう。
　　　　　① バナナのようなかたさとふとさ　　　② ふとめのうどんでやわらかい
　　　　　③ あまぐりぐらいのおおきさでこげちゃいろ

第6問　あかるさによって、どうこうが大きくなったり、小さくなったりしますが、くらいところではどうこうはどうなるのでしょう。
　　　　　① おおきくなる　　　② ちいさくなる

第7問　下の図をみてみじかいのはどの線ですか。
　　　　　① ←——→　　　　② ＞——＜　　　③ おなじ

第8問　からだにびょうげんきんがはいったとき、たたかうのはどれですか。
　　　　　① 白血球（はっけっきゅう）　　　② 赤血球（せっけっきゅう）
　　　　　③ 血小板（けっしょうばん）

第9問　人間のけっかんをつなげると、どのくらいのながさになるでしょう。
　　　　　① ほっかいどうからきゅうしゅうまで2しゅうはん
　　　　　② ちきゅうを2しゅうはん　　　③ にほんからアメリカまで2しゅう

第10問　宇宙飛行士が宇宙から帰ってきました。さて宇宙飛行士の筋肉はどうなっていたでしょう。すくなくなり、たっているだけでも大変である。○か×か？

解答
第1問 ②こども　　第2問 ②足のうら　　第3問 ③筋肉　　第4問 ③腎臓
第5問 ①バナナのようなかたさとふとさ　　第6問 ②大きくなる　　第7問 ③おなじ
第8問 ①白血球　　第9問 ②ちきゅうを2しゅうはん　　第10問 ○

参考文献『フレーベル館の図鑑NATURA　ひとのからだ』無藤隆 総監修／細谷亮太 監修　フレーベル館
『学習まんが　人のからだシリーズ2　流れる血液』井上大助 イラスト　小学館
『ポプラディア　情報館　宇宙』渡部潤一 監修　ポプラ社

資料② 「あてにならない目」使用カード

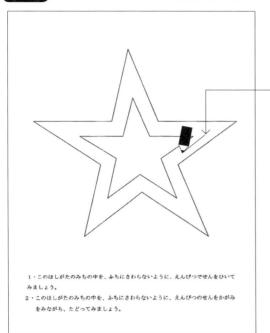

大きさはB5判

この部分を縁に触らずにえんぴつでたどる。そのあと、鏡に映し、鏡の像を見ながら指で同じことをしてみる。

資料③ からだ博士選手権大会　表彰状

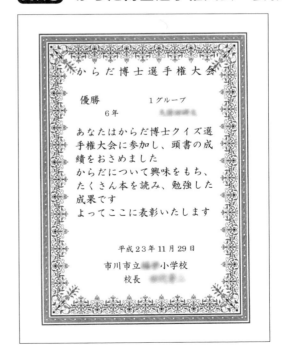

資料④ からだはかせカード　問題と解答用紙

問題

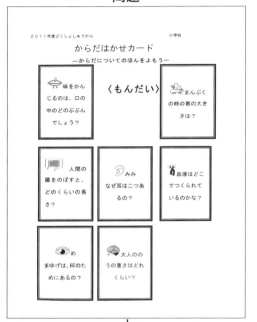

拡大して掲示する。

解答用紙

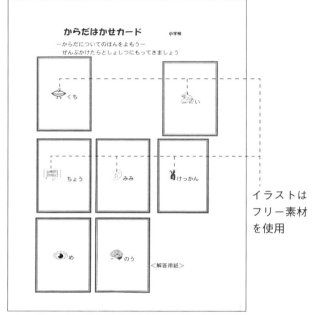

児童に配った解答用紙。

イラストはフリー素材を使用

【解説】
オープニングの群読について

　読書月間のオープニングにて、毎回全校群読に取り組んでいます。体育館中美しい声が響き合います。群読の作品の選定は、なるべく読書月間のテーマに合わせますが、その時々の学校の行事等状況に合わせて作品選びをしていってもよいと考えます。どのような作品を選んでいくかは、群読ですので、一人でじっくり親しむような作品ではなく、大勢で語ることで楽しめるような作品を選んでいくとよいと思います。

　次に作品が決まったら、その作品をどのように担当していくかの割り付けをします。学年、学級ごとに、男女に分けるなど、作品により、割り付けを変えていきます。また、動作化をしたり、北原白秋の詩「お祭り」では、地域の方も参加され、太鼓やチャンチキなどの楽器を演奏したり、とてもにぎやかな群読になりました。「雨ニモマケズ」（宮澤賢治作）では、英語を習い始めた５年生全員が一部を英語で語るという群読もありました。

　声の大小、高低、ゆっくり、速くなども考えながら、作品の担当割り振り表をつくっていきます。

　実践例のイベントのときは、先生方より、各学年に伝統的な言語文化に関する事項について群読で取り組むことができないかとの要望があり、また、近年低学年でも取り組むことができるやさしい論語の本も出てきていることから、論語に取り組みました。音読の宿題で家でも練習を始めたところ、保護者からも、一緒に語り、意味も一緒に考えることができ、有意義な時間を持てたなどの感想もいただけました。

　実施にあたっては以下のような手順を踏みました。
　１．公共図書館、他校から多くの論語の本を集める。
　２．各クラスに本を配布し、その本の中から自分たちの好きな論語の一節を選ぶ。
　３．各クラスは、選んだ論語の意味もあわせて音読の練習をする。
　４．選んだ論語の一節と意味を図書館に知らせる。
　５．司書が、各クラスの選んだ一節の原文を１枚と、意味を１枚計２枚のパワーポイントをつくる。
　６．オープニングで、パワーポイントを映し出し、各クラスごとに原文、意味の順に群読する。

実践例5 おいでよ！　バードワールドへ
― 鳥の世界へようこそ

牛尾 直枝

> **ねらい**
> ・学校図書館に親しみ、読書の楽しさを知らせる。
> ・図書委員会の自主的な活動の機会をつくる。
> ・自然科学の本に興味を持たせたいと思っていたところ、鳥の本を多く書いている著者の講演が決まった。その著者の書籍をはじめとする鳥の書籍に触れ、鳥の生態に興味を持たせる。

【実施時期】 秋の読書週間（11月14日～11月30日）

期間・日程は学校行事を勘案し、校内図書館部会（教務主任、司書教諭、学校司書）で相談し、職員会議を経て決定する。

	朝（授業時間前）	昼休み	図書の時間	その他
14日	オープニングセレモニー			
15日			鳥の観察地図づくり（6年生）	
16日			鳥の観察地図づくり（2年生・4年生）	
19日			鳥のかんさつちず（1年生）	
20日		鳥のクラフト作品制作		
21日			鳥の観察地図づくり（5年生）鳥のクラフト作品コンテスト投票	
22日			鳥の観察地図づくり（6年生）	
26日				
27日				
28日				作家講演会 低学年：10:40～ 高学年：11:30～
29日		鳥はかせ選手権大会		
30日		鳥のクラフト作品コンテスト結果発表 エンディング宣言		

■ 全体参加　　■ なかよしペア・なかよしグループでの参加
■ 学年単位での参加

【内容】
（1）全員参加イベント

①オープニングセレモニー

　　時間：朝の児童朝会　　　場所：体育館　　　司会：図書委員会（児童）

　○パワーポイントを使った**読書週間でのイベントの紹介**

　　準備：・司書と図書委員会の児童とで行事の概要のパワーポイントをつくる。
　　　　　・当日は司書教諭、司書、図書委員会の児童で機材を会場（体育館）に運び、セッティングをする。
　　実施：パワーポイントで示しながら読書週間のイベントを司会の図書委員が紹介していく。

②作家の講演会

　　時間：低学年（1・2・3年生）…10：40～　　高学年（4・5・6年生）…11：30～
　　　　　講演者より、学年によって内容を分けて話したいという意向が伝えられたため、時間を分けた。また、保護者や地域の方にもお知らせし、児童への講演のあとに懇談する機会を設けた。
　　場所：体育館
　　準備：講演をしてくださる作家をさがし、お願いした（科学読みものについて講演してもらえる作家にお願いしたいとして、出版社、県の学校図書館協議会に相談したところ、ご紹介をいただいた著者に決定）。
　　　　　依頼の手順は、司書より電話で内諾をいただいたあと、校長より講演依頼文書を送付。その後、当日の進行、内容などについてご本人と相談をした。
　　実施：・当日は駅まで講演者を迎えに行き、校長室でお待ちいただいた。
　　　　　・時間になると司書教諭が会場（体育館）に案内し、お話をしていただいた。
　　　　　・学年の入れ替えは、業間休み（2時間目と3時間目の間の25分休み）を利用した。
　　　　　・高学年の講演のあと、保護者、地域の方、教職員と懇談、サイン本の販売などを行い、校長室で昼食をとっていただいた。

（2）なかよしペア・なかよしグループでの参加イベント

①鳥のクラフト広場

時間：昼休み　　場所：なかよしペアの教室

準備：・線描きの鳥の絵の台紙（教員が図鑑をもとに作製）

・児童はペアごとに上級生または下級生のクラスに、はさみ、のり、セロテープを持って集まる。

実施：児童はペアごとに、台紙に描かれた鳥に自由にデザインをし、色をぬって切り抜き、セロテープやのりを使って組み立てる。

でき上がった作品は図書館に展示をして、コンテストを行う（投票用紙はP.52）。

審査委員は図書委員の児童、校長先生、教頭先生。

結果発表は読書週間最終日に放送で行い、入賞したペアには、後日賞状（→P.52）を授与する。

②とり博士選手権大会

時間：昼休み　　場所：体育館

準備：・出題する問題文（→P.53）をパワーポイントで作製。

・解答用紙

・司会1名、出題者2名、パソコン操作1名を図書委員から選ぶ。

実施：・なかよしグループの上級生が下級生を迎えに行き、一緒に体育館に集まる。

・体育館前方の札で表示されている場所にグループごとに集まり、丸く輪になって座る。

・パワーポイントに問題文を映し、出題者の図書委員が読み上げる。

・グループ毎に解答用紙を配布し、グループで話し合って回答する。

・1題ごとに図書委員が発表する答えと答え合わせをし、間違ったグループは体育館の後方に移動する。

・最後の1チームになるまで行い、勝ち抜いたチームは優勝チームとして表彰（→P.54）する。

（3）クラス単位参加イベント

①鳥の観察地図づくり（どこで何を食べているのかな）

　時間：図書の時間　場所：図書館

　準備：・調べたことを書き込むカード（→P.54）を児童の人数分

　　　　・学年毎に担当する地域の図を描いた模造紙

　　　　・児童は図書の時間に筆記用具、色鉛筆またはクレヨンを持って図書館に行く。

　実施：学年ごとに出されたテーマの鳥を、図鑑などで調べてカードに書き込み、模造紙の地図に貼り込んでいく。

※各学年の課題は次のとおり

学年	内　　容	学年	内　　容
1年	庭や公園に来る鳥	4年	絶滅・絶滅の危機にある鳥
2年	森林・山に来る鳥	5年	干潟の鳥
3年	渡り鳥	6年	暑い土地にすむ鳥

干潟の図に貼られた干潟で見られる鳥のカード。

（4）エンディング

①校内放送で読書週間の終わりを告げる

　・とりクラフトコンテストの結果を発表する。

　・読書週間の終了を伝える。

資料① とりのクラフトコンテスト　投票券

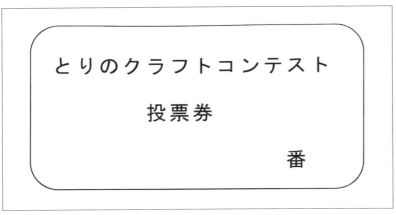

※投票券は実際に使用したものです。

資料② 賞状

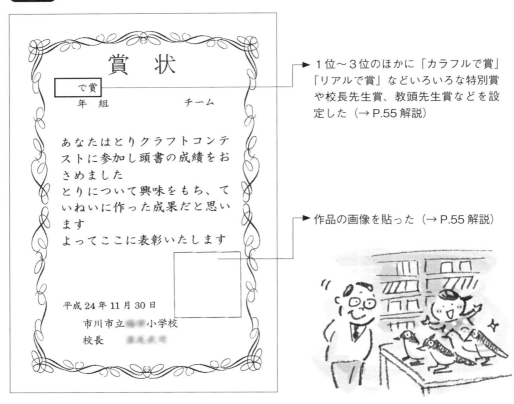

▶ 1位〜3位のほかに「カラフルで賞」「リアルで賞」などいろいろな特別賞や校長先生賞、教頭先生賞などを設定した（→P.55解説）

▶ 作品の画像を貼った（→P.55解説）

資料③　　　　　**とり博士クイズ選手権大会　問題と解答**

問題

第1問　○○のおんがえし（むかしばなし）。この○○に入る鳥のなまえはどれでしょう？
　　　　① すずめ　　　　② かも　　　　③ つる

第2問　なんでもたべて、もっとも頭のいい鳥は次のうちどれでしょう？
　　　　① カラス　　　　② スズメ　　　　③ はくちょう

第3問　つぎのうちとべない鳥はどれでしょう？
　　　　① ペンギン　　　　② カモ　　　　③ ハト

第4問　ちばけんの鳥はどれでしょう？
　　　　① ホオジロ　　　　② ゆりかもめ　　　　③ うぐいす

第5問　キジのおすの、敵やほかのオスへのいかくのときのなきごえはなんでしょう？
　　　　①ケーンケーン　　　　②クルッポークルッポー　　　　③ホーホケキョ

第6問　メンフクロウという鳥は、顔のかたちにとくちょうがあります。さてどんなとくちょうがあるのでしょう？
　　　　①かおのかたちが四角形　　　　②かおのかたちがハート形
　　　　③かおのかたちが星形

第7問　つぎのうちぜつめつした鳥はどれでしょう？
　　　　① ドードー　　　　② マカロニペンギン　　　　③ エリマキミツスイ

第8問　つぎのうち森林にすんでいる鳥はどれでしょう？
　　　　① メジロガモ　　　　② カラフトフクロウ　　　　③ インドガン

第9問　カワセミのむねとはらのいろは、なにいろですか？
　　　　① オレンジとあお　　　　② オレンジ　　　　③ あお

第10問　すずめは富山県でどのようによばれているでしょう？
　　　　① ノキノオバサン　　　　② ヨメドリ　　　　③ ヨモドリ

解答
第1問 ③つる　第2問 ①カラス　第3問 ①ペンギン　第4問 ①ホオジロ
第5問 ①ケーンケーン　第6問 ②かおのかたちがハート形　第7問 ①ドードー
第8問 ②カラフトフクロウ　第9問 ②オレンジ　第10問 ①ノキノオバサン

参考図書『ふしぎ・びっくり!?こども図鑑　とり』小宮輝之 監修　学研プラス
『NATURA　鳥』無藤隆 総監修／杉森文夫 監修　フレーベル館
『ポプラディア大図鑑WANDA 9　鳥』川上和人 監修　ポプラ社
日本野鳥の会HP　https://www.wbgj.org/

資料④ とり博士クイズ選手権　表彰状

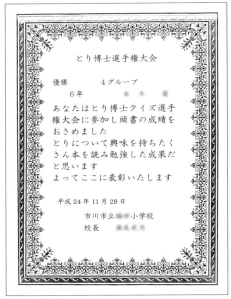

資料⑤ 鳥の観察カード

＊鳥の観察地図づくり

全学年同じカードに記入

鳥のなまえ

鳥の絵を描きましょう。

年　組　名まえ

【解説】
鳥一色のイベント

　このときの読書月間は、作家講演会が予定されていたため、作家に合わせてイベントを組みました。作家講演会と読書月間を同時に行うことにより、教員、児童の負担を少なくし、二つの行事を持つことができました。

　まず、作家をお迎えするためには、環境を整備していかなければなりません。そこで、読書月間で調べ、作製した鳥の観察地図や鳥のクラフトをそのまま展示、掲示に使いました。作家講演会のための特別な環境づくりをしない分、作家の本を読む時間に費やすことができました。

　クラス単位で、図書館で調べ学習をして作製した鳥の観察地図は、作家が、講演先の体育館（校舎3階）に向かう階段壁に、学年ごとに掲示しました。鳥の観察地図は、一クラス模造紙一枚分に貼っていきました。テーマだけ書かれた模造紙を配付したのですが、各学年とも鳥の絵を貼るだけでなく、テーマに合った風景も描き入れ、楽しい地図づくりができました。この調べ学習は、場所、鳥の色、形などは、できるだけ正確に描くことを指導しました。

　鳥のクラフトは、廊下に長机を並べ、全作品を並べました。その後、すべてにナンバーを付け、コンテストを行います。読書月間期間中、本を借りた児童に投票券を一人一枚渡します。その投票券に自分の好きな鳥のクラフトの番号を記入し、投票箱に投票をします。読書月間エンディングの放送の中で、鳥のクラフトコンテストの入賞者の発表を行いました。得票数の多かった人気の鳥の1位から3位、図書委員会で選ぶ、カラフルで賞、かわいいで賞、リアルで賞などの特別賞、校長先生賞、教頭先生賞などの賞を決めました。このコンテストには何人かの教員も加わりました。とても盛り上がりました。賞状には、デジカメで撮った作品の画像を貼りつけました。コンテストは、鳥のデザイン、色付けなど「なかよしペア」で楽しそうに相談し、鳥の観察地図づくりとは違い、自由に二人の発想でつくってよいこととしました。

　本校の近くには、野鳥観察舎があり、事前に鳥についての全校での取り組みをすることを伝えたところ、そこで多くの資料の提供をしてくださいました。また、訪ねて行った児童には、野鳥生態、種類、弱った野鳥の保護についてなどの説明もていねいにしてくださり、傷ついた野鳥の部屋なども見せてくださいました。そのおかげで、近くにありながら、行く機会がなかった児童が野鳥観察舎に行くようになったようです。そのほか、地域の方が児童が鳥の勉強をしていると聞き、いろいろな鳥の写真を持ってきてくださいました。

実践例6 きみにもできる！ ぼうさい
──これでみんなも防災はかせ

牛尾 直枝

> **ねらい**
> ・学校図書館に親しみ読書の楽しさを知る。
> ・図書委員会の自主的な活動の機会をつくる。
> ・本を読むことそして実際に体験することにより、防災の大切さを知る。
> ・独自のサバイバルマニュアルの作成をする。

【実施時期】初夏の読書週間（6月18日〜7月3日）

期間・日程は学校行事を勘案し、校内図書館部会（教務主任、司書教諭、学校司書、学年図書館担当者）で相談し、職員会議を経て決定する。

	朝（授業時間前）	業間休み	授業中	昼休み
6/18日	オープニングセレモニー 全校による群読		防災ワークショップ（5年生）	
19日			防災ワークショップ（6年生）	
20日		防災体験ブース（3・5年生）	防災ワークショップ（2年生）	
24日		防災体験ブース（3・5年生）	防災ワークショップ（1・4年生）	
25日		防災体験ブース（2・4年生）	防災ワークショップ（3年生）	
26日				防災クイズ選手権大会
27日				
30日		防災体験ブース（1・6年生）		
7/2日		防災体験ブース（2・4年生）		
3日		防災体験ブース（1・6年生）		エンディングセレモニー

■ 全体参加　　□ クラス単位での参加　　▨ なかよしペア・なかよしグループでの参加

【内容】
（1）全員参加イベント

①オープニングセレモニー
　　時間：朝の児童朝会　　場所：体育館　　司会：図書委員会（児童）
　○ウォーミングアップ
　　　金子みすゞの詩2編を学年別に担当箇所を決めて群読した。

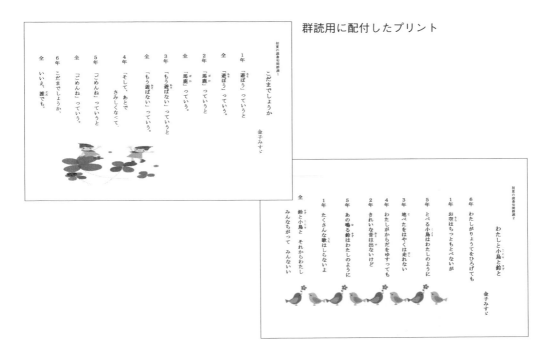

群読用に配付したプリント

　○パワーポイントを使った読書週間でのイベントの紹介
　　準備：・司書と図書委員会児童とで行事の概要のパワーポイントをつくる。
　　　　　・当日は司書教諭、司書、図書委員会の児童で機材を会場（体育館）に運び、セッティングをする。
　　実施：パワーポイントで示しながら、読書週間のイベントを司会の図書委員が紹介していく。

（2）なかよしペア・なかよしグループでの参加イベント

①防災体験ブース
　理科室に３か所のブースをつくる。ペアで自由に３か所を回る。
　時間：業間休み　　場所：理科室・ランチルーム

　　○じっけんの広場……液状化実験
　準備：・２Lのペットボトル ・砂 ・水 ・小さな玉 ・小型マサージャー、木づち
　　　　　など振動を与えるもの
　　　　・ペットボトルの上の部分を切り、その中に砂を入れる。
　　　　・当日の朝、砂を入れたペットボトルに砂が湿るぐらいの水を入れておく。
　実施：・図書委員が実験を見せる。
　　　　・砂の入ったペットボトルに小さな玉を沈ませる。
　　　　・上記のペットボトルに振動を与えると、水が表面に出てきて小さな玉が浮
　　　　　かんでくる。

　　○こっせつしたらの広場……いろいろなもので手当
　準備：・図書委員が事前に養護教諭から骨折時の応急手当について指導を受けて
　　　　　おく。
　　　　・手当に使うもの（縦に細長く切ったタオル、新聞紙・雑誌・かさ・ハン
　　　　　ガーなど添え木になるもの）
　実施：・各テーブルに、タオル、骨折したときの添え木に代わるものを用意して、
　　　　　並べておく。
　　　　・図書委員が、いろいろなものを使って手当できることを紹介する。
　　　　・ペアで好きなものを選び、それを添え木にし、お互いに手当をし合う。

　　○ひなんの広場……「気を付けて！　部屋中にガラスが散乱し、ものが落ちている。
　　　どうやって歩けばいいの？」を想定。
　準備：・障害物になるもの（児童用机、いす、算数用ブロック、長い棒、木製つみき）
　実施：・細い通路（理科室の机と机の間）にいすや机を横に倒したもの、その間に
　　　　　ブロックやつみき、棒を置く。
　　　　・通路をペアで通りぬける。このような状態のときは、必ずくつやスリッパ
　　　　　を履くことを伝える。

②ちょうせん！ ぼうさいクイズ選手権大会
なかよしグループで話し合い、クイズの答えを出す。
時間：昼休み　　場所：体育館
準備：・司書教諭と司書で問題をつくる（→P.60）。
　　　・解答用紙を兼ねた問題用紙をつくる。
　　　・賞状（優勝チーム全員に渡す）。
実施：・高学年が低学年を迎えに行き、体育館へ行く。
　　　・体育館の前方に用意されたグループ札のところに座る。
　　　・図書委員が開会宣言をし、その後ルールを説明してから、始める。
　　　・用紙を図書委員が１問ずつ配る。
　　　・問題を担当の図書委員が読み上げ、解答を用紙に記入してもらう。
　　　・解答を図書委員が発表し、間違えた時点で体育館の後ろに下がり、待つ。
　　　・最後に残ったチームが優勝となる。
　　　・後日、賞状を担任より渡してもらう。

（3）クラス単位での参加

○○小みんなでサバイバルブックづくり

みんなで自分たちのできる防災について調べる。
・クラスごとに調べ、自校の防災について考える。
・学年ごとに学習単元等にも配慮し、司書教諭、司書、学年の教員とともに、内容を決定する（→P.111）。
・でき上がったものを○○小サバイバルマニュアルとして、図書館に展示した（→P.61）。
・市の防災課より、資料や震災時の写真、展示品等をお借りし、図書館前に展示コーナーを設けた。

（4）エンディング

①校内放送で読書週間の終わりを告げる

・災害に備えることの大切さを伝え、今回、読書週間で調べたり、体験したことを生かせるようにしてほしいと伝える。
・災害についての本をこれからも読むことを促す。
・読書週間の終了を伝える。

資料 **防災クイズ選手権大会　問題と解答**

問題

第1問　たかいビルが火事になったとき、かつやくするしょうぼうじどうしゃは、どれでしょう？
　　　　① ポンプしゃ　　　② はしごしゃ　　　③ かがくしゃ

第2問　ひなんのやくそく「お・か・し・も」の「も」とはなに？
　　　　① もったいない　　② もとのばしょからうごかない　　③ もどらない

第3問　がっこうのかえりみちのだいじしん。まちがっているのは？
　　　　① こわいのでブロックべいにかくれる
　　　　② ブロックべいからはなれる

第4問　じしんのあとにくる大きななみをなんという？
　　　　① あらなみ　　　　② つなみ　　　　③ しらなみ

第5問　じしんにそなえてじゅんびしておく水やたべものは、さいていなんにちぶん？
　　　　① 1日ぶん　　　　② 3日ぶん　　　　③ 5日ぶん

第6問　エレベーターのなかにいるとき、じしんはっせい。さあどうする？
　　　　① すべてのかいのボタンをおす　　　② そのままのっている
　　　　③ いちばんちかいかいのボタンをおす

第7問　トイレにいたら、だいじしん！　さてどうしますか？
　　　　① なにもしないでまつ　　　② かぎをかける　　　③ ドアをあける

第8問　じしんやかじでひなんするときつかわないほうがよいのはどっち？
　　　　① かいだん　　　② エレベーター

第9問　ゆれがおさまり、ひなんするときはどうする？
　　　　① でんきのブレーカーをきり、ガスのもとせんをしめる
　　　　② いそいでひなんばしょへいく

第10問　「ぼうさいの日」はいつ？
　　　　① 9月1日　　　② 9月10日　　　③ 9月15日

解答
第1問 ②はしごしゃ　　第2問 ③もどらない
第3問 ①こわいのでブロックべいにかくれる　　第4問 ②つなみ
第5問 ②3日ぶん　　第6問 ①すべてのかいのボタンをおす
第7問 ③ドアをあける　　第8問 ②エレベーター
第9問 ①でんきのブレーカーをきり、ガスのもとせんをしめる
第10問 ①9月1日

参考図書『3.11がおしえてくれた防災の本』片田敏孝 監修　かもがわ出版
自治体資料

学年別にまとめられたサバイバルマニュアル。全校児童が取り組んだ。

実践例7　読もう遊ぼうかがくの本
―かがくふしぎはっけん

牛尾 直枝

> **ねらい**
> ・学校図書館に親しみ読書の楽しさを知る。
> ・図書委員会の自主的な活動の機会をつくる。
> ・科学読み物を読み、科学の実験、工作をすることにより、科学を楽しむ。

【実施時期】初夏の読書週間（6月16日～6月30日）

期間・日程は学校行事を勘案し、校内図書館部会（教務主任、司書教諭、学校司書、学年図書館担当者）で相談し、職員会議を経て決定する。

	朝（授業時間前）	業間休み	昼休み
6月16日	オープニングセレモニー 全校による群読		
18日		科学実験の広場（2・4年） 科学あそびの広場（2・4年） ふしぎはっけん（3・5年）	
22日		科学実験の広場（1・6年） 科学あそびの広場（1・6年） ふしぎはっけん（2・4年）	
23日		科学実験の広場（3・5年） 科学あそびの広場（3・5年） ふしぎはっけん（1・6年）	
24日		科学実験の広場（1・6年） 科学あそびの広場（1・6年） ふしぎはっけん（3・5年）	
25日		科学実験の広場（3・5年） 科学あそびの広場（2・4年） ふしぎはっけん（2・4年）	
30日			エンディングセレモニー

■ 全体参加　　■ なかよしペアでの参加

【内容】
（1）全員参加イベント

①オープニングセレモニー

　時間：朝の児童朝会　　　場所：体育館　　　司会：図書委員会（児童）

　○ウォーミングアップ

　　やなせたかしの詩「けんきゅうしよう」（『てのひらをたいように』国土社）を六つの部分に分割して学年別に担当部分を決め、次々に朗読して全校で一つの詩の朗読に仕上げた。

　○パワーポイントを使った読書週間でのイベントの紹介

　準備：・司書と図書委員会児童とで行事の概要のパワーポイントをつくる。

　　　　・当日は司書教諭、司書、図書委員会の児童で機材を会場（体育館）に運び、セッティングをする。

　実施：・パワーポイントで示しながら、読書週間のイベントを司会の図書委員が紹介していく。

（2）なかよしペアでの参加イベント

　理科室に3か所のブースをつくり、それぞれの場所で実験を行う。ペアで自由に3か所を回っていく。

　　時間：業間休み　　場所：理科室

①科学実験の広場

　　○えんぴつさし

　準備：・ポリエチレン袋10枚　えんぴつ30本

　実施：・はじめに、図書委員が袋に水を入れ、それにえんぴつをさし、水が出ないことを見せる。参加している人の中から、数人選んで実験に参加する。

　　　　・この実験の出ている本の紹介をする。

参考図書：『ポリぶくろの実験』立花愛子 著／永井泰子 絵　さ・え・ら書房

○ススメ！　つまようじ号

準備：・つまようじ　・洗面器　・洗剤　・水
　　　・洗面器に水を入れておく。
　　　・洗剤を入れて、石けん液をつくっておく。
　　　・つまようじの頭に石けん液をつける。

実施：・図書委員が石けん液をつけたつまようじを洗面器に静かに浮かべる。すいすい動き始める。
　　　・何度も同じ洗面器で行うと、つまようじが走らなくなるので、こまめに洗面器の水を替える。
　　　・その後、つまようじに洗剤がついてつまようじが水の中を進むことを説明する。
　　　・参加している人の中から、数人選んで実験に参加する。
　　　・この実験の出ている本の紹介をする。

参考図書：『後藤道夫の「科学手品」にチャレンジ!!〈1〉表面張力10の手品』後藤道夫 著／毛利綾 絵　汐文社

○どこまで入る1円玉…表面張力の実験。

準備：・ワイングラス　・1円玉　・水　・水そう

実施：・水そうの中に置いたグラスの口いっぱいになるように水を入れておく。
　　　・そこへ1円玉を静かに入れ、グラスの水の表面がもり上がっても水がこぼれていないことを見せる。
　　　・その後、なぜ水がこぼれないのかを説明し、この実験の出ている本の紹介をする。

参考図書：『わくわくびっくり　サイエンス教室　小学校チャレンジ編』山崎健一 著　国土社

②かがくあそびの広場

時間：業間休み　　場所：図工室

準備：・メビウスの輪…5×50cmの新聞紙
　　　・パッと登場！　紙の輪くぐり…はがきの大きさの紙（本購入時の時に、本にはさんであるアンケートはがきを利用）

持ち物：・はさみ　・のり　・つくり方のプリント

実施：図書委員が、はじめにつくり方を説明し、実際にやってみせる。
　　　その後に、ペアでつくり遊ぶ。

○メビウスの輪のなぞ

1）もとの輪の2倍の長さの1本の輪になる
　・端を1回ひねってのりで帯の両端をつけ、帯の真ん中を切り進めていく。

2）長さの違う二つの輪になる
　・帯の中心を切るのではなく、端から3分の1の幅のところで切る。そのまま終わりまで切る。

3）もとと同じ長さの2つの輪がからまり合ったものができる
　・新聞紙の帯の一方の端を、2回ひねってから両端を貼り合わせ、真ん中で切る。

参考図書：『科学でゲーム　できっこないさ！』コブ・ダーリング 作／藤田千枝 訳　さ・え・ら書房

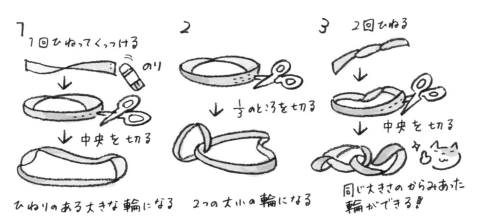

○パッと登場！ 紙の輪くぐり

　…はがきの大きさの紙を使って遊ぶ

　・はがきを縦に二つ折りにし、切り込みを入れる。カードをひらくと、大きな丸い輪ができ、体がすっぽり通りぬけられる。

参考図書：『まほうのわ』折井英治・折井雅子 著／藤島かおる 絵　大日本図書

③ふしぎ発見の広場

　時間：業間休み　　場所：図書館

　準備：ふしぎ発見カード（→ p.67）を事前に配付しておく。

　実施：・ペアで4類の本を読み、ふしぎ発見カードに記入していく。

　　　　・全部のカードを内容別に分け、掲示し、その後表紙をつけ、ファイルにとじて図書館に置いた。

（3）エンディング

①校内放送で読書週間の終わりを告げる

・図書館には、科学読み物がたくさんあることを知らせ、科学読み物には、身近なものでできる科学実験や工作のしかたが出ているのでたくさん読んでほしいことを伝える。

・科学を身近に感じ、楽しいものだということを感じられたか、確認する。

・読書週間の終了を伝える。

資料 ふしぎ発見カード

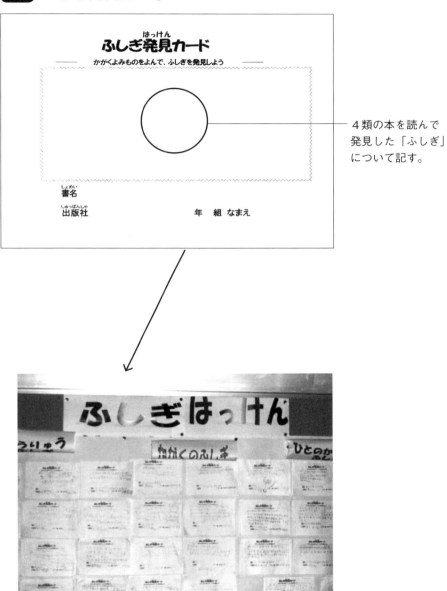

4類の本を読んで発見した「ふしぎ」について記す。

みんなの「ふしぎ発見」を掲示。

図書館活動・読書活動の記録

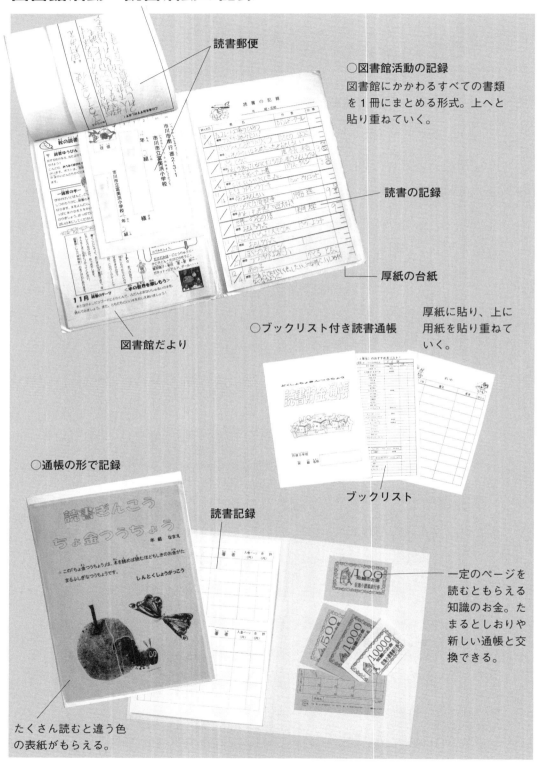

読書郵便

○図書館活動の記録
図書館にかかわるすべての書類を1冊にまとめる形式。上へと貼り重ねていく。

読書の記録

厚紙の台紙

図書館だより

○ブックリスト付き読書通帳

厚紙に貼り、上に用紙を貼り重ねていく。

ブックリスト

○通帳の形で記録

読書記録

たくさん読むと違う色の表紙がもらえる。

一定のページを読むともらえる知識のお金。たまるとしおりや新しい通帳と交換できる。

第2章

図書館中心の
　　　　イベントあれこれ

図書館単独で取り組むイベント

小さくたって図書館イベント

「読書週間、読書集会」など、学校行事で取り行うものばかりがイベントではありません。学校の年間行事予定表に載らなくても、図書館が単独に実行してよいのです。たとえ大々的に取りかかれなくとも、そこに企画があり、複数の参加者があれば、立派にひとつのイベントです。その小さな記録は図書館にとって財産です。それらの積み重ねが経験値となって多様なイベントに発展します。年間計画を見通し、あらかじめ時期を決定しなければならない学校行事とは違い、思い付きで行うこともできる図書館単独イベントは、なんと気楽なことでしょう。「楽しそうなこと、やってみよう」というノリで、案を練ることができます。

　学校行事として提案するイベントは、ねらいがあり、目標があり、細かな計画が必要です。話し合いや調整・準備に時間がかかります。しかし、図書館独自で身軽に行うイベントは、思い付いたことを身近な人に相談し、無理のない範囲で協力者を募り、やってみることができます。「やることに意義がある」この一言です。やってみなければノウハウがつかめません。そして試行錯誤でやることには当然失敗がつきものです。その失敗を参考にして次のステップがあります。

頼むのは一人ずつ、やることも一つずつ

　学校行事でのイベントとなると、各先生方に依頼することも多々出てきます。調整も必要となります。しかし図書館単独であれば、「実行する」ということだけ考えればよいでしょう。「学校行事」という重しがなく、先生方に何かを課すわけでもなければ、「依頼」という負担がありません（しかし、協力を求められるよう、それとなく何をやるかを知らせておくことが大事です）。進めていきながら少しずつ、一人ずつお願いしていきましょう。いくつかのイベントをこなしていき、場合に応じてそれを組み合わせれば、大イベントとなります。

　たとえば、一番手軽にできるイベントは「検定イベント」です。中学生の場合は、修学旅行の行先、京都にちなみ「京都・奈良文学検定」、社会科地理にちなんで「世界文学舞台検定」、理科生物にちなんで「動物文学検定」など（図書館は一人職。1年たっても話しかける一人が見つからないかもしれません。でも、うまずいじけず、仲間と語り合ってモチベーションを維持しましょう）。

利用者のブームに乗って

　図書館利用者の層には波があり、流行もあります。ある時期、女子グループが、いつも図書館で折り紙を折るようになりました。ケーキやドーナツなど、変わり折り紙を立体的につくっていました。どれも上手にできていたので、図書館に飾らないかと持ちかけたところ、喜んで作品を貸してくれました。そこで「折り紙でお菓子屋さん」のコーナーをつくり、女子グループの作品と、折り紙の本とお菓子の本、お菓子が出てくる本を展示しました。さらにある日の休み時間、彼女たちに折り紙の実演をしてもらいました。「もっと見たい」「やりかたを教えてほしい」という声が上がったので、のちの読書週間中のミニイベントのひとつとしました。

簡単な依頼から

　節分も近い１月のある日の休み時間、５、６人の男子グループがなんとなく図書館でたむろしていました。そのうちの一人がクレヨンをいじっていましたので「鬼の絵を描いてくれない？」と声をかけると「いいよ」との返事。そこでＡ４判のコピー用紙とクレヨンを渡しました。まわりの男子もそれぞれ紙とクレヨンを手に取って机に。ありがとう。時間のない中で大雑把に描かれたものですが、ダイナミックさでそれなりに見栄えがします。掲示して「鬼の絵募集！　かくれている『おに』をひっぱりだしてください」と、急遽、鬼コーナーをつくりました。展示してある鬼の本や、掲示されている友達の絵などを参考に、いろいろな鬼が集まりました。さらに時間をとれば、それぞれの鬼に「わすれんぼおに」「なきむしおに」など、見ている児童生徒に名前をつけてもらってもいいでしょう。

言ったもの勝ち

　それがなんであれ、「これがイベントです」と言いさえすれば、それは立派な図書館イベントです。数人にポップを書いてもらい、それを展示して「おすすめ本、ポップとともに展示会」と看板を掲げれば、すでにひとつのイベントです。絵本に興味を持った数人が、あるとき同じ場に集まり、読み聞かせをする生徒がいれば、「図書館お話会」となります。あるいは楽器の演奏が得意な生徒の演奏とともに朗読があれば、「図書館音楽会」となります。図書委員とともに、何かを企画し、実行すれば、イベントとなるのです。まず、やってみましょう。

高桑 弥須子

ビンゴゲーム①　貸出分類ビンゴ

概要

ビンゴゲームの要領でさまざまな分類の本に親しませるため、取り組む。

準備

○0類～9類までの分類が入ったビンゴカードを1・2年生用、3・4年生用、5・6年生用の3種類作成し（→P.73）、児童一人1枚配付する（ビンゴカードはなくさないように、読書通帳（→P.68）に貼っておくように説明する。このため、カードは通帳と同じ大きさにつくる）。

○ビンゴができた児童が引くくじと、景品を用意する（はずれくじはつくらない。また、景品は図書委員作成の特製しおりや、折り紙のランドセル、プラスチック板でつくったしおり、3冊借りられる券など）。

○実施は図書委員が行うので、事前に作業の流れを確認しておく。

実施

○児童が本を借りたときに、図書委員が本を確認して当てはまる分類のマスにハンコを押す。

○ハンコを押したマスが縦・横・斜めと4つそろったらビンゴとなり、1回くじが引ける。
借りた本の書名は後で書いてもらう。

○くじを引くのは休み時間に行う。図書委員は貸出・返却の仕事のほか、借りた本をチェックしてビンゴカードにハンコを押す係や、くじを引いてもらい景品と交換する係など、複数必要（廊下にビンゴカードコーナーをつくって、児童がスムーズに流れるように工夫する）。

藤本　正江

景品の折り紙ランドセル。

資料

貸出分類ビンゴカード

このカードは“どくしょつうちょう”にはりましょう！どくしょげっかん中につかいます。

1・2年生＊本となかよしビンゴカード

年・なまえ ____________________

行徳小どく ょげっかん　10/28〜11/21

じぶんのすきな本 「　」	9るい がいこくのものがたり 「　」	2るい れきし・ちり・でんき 「　」	5るい こうぎょう・かていか 「　」
6るい いろいろなしごと 「　」	0るい しらべる本 「　」	9るい にほんのものがたり 「　」	4るい さんすう・りか 「　」
8るい ことば 「　」	じぶんのすきな本 「　」	1るい どうとく・しゅうきょう 「　」	3るい しゃかい 「　」
7るい こうさく・たいいく 「　」	3るい むかしばなし 「　」	じぶんのすきな本 「　」	9るい しの本 「　」

※それぞれのマスの本をかりたら、本のなまえをかきましょう。 たて・よこ・ななめ、それぞれのマスに、つづけて４つ、かりた本のなまえがかけたらビンゴです。
11月21日（金）までやっています。一れつがそろってビンゴになったら、としょしつにもってきてね１かいくじがひけます。どんなあたりがでるかはおたのしみ！
≪かりるときに、あてはまるマスのところにはんこをおします。≫

このカードは“読書通帳”にはりましょう！読書月間中につかいます。

3・4年生＊本となかよしビンゴカード

年・名前 ____________________

行徳小読書月間　10/28〜11/21

自分のすきな本 「　」	9るい 外国のものがたり 「　」	2るい 伝記の本 「　」	5るい 工業・家庭 「　」
6るい 産業・交通・通信 「　」	0るい 調べる本 「　」	9るい 日本のものがたり 「　」	4るい 自然科学 「　」
8るい ことば 「　」	自分のすきな本 「　」	1るい 道徳・宗教 「　」	3るい 社会のしくみ・民話 「　」
7るい 芸術・スポーツ 「　」	3るい ことわざの本 「　」	自分の好きな本 「　」	9るい 詩・俳句・短歌の本 「　」

※それぞれのマスの本を借りたら、書名を書きましょう。 たて・よこ・ななめ、それぞれのマスに、連続４つ、借りた本の書名が書けたらビンゴです。
11月21日（金）までやっています。一列がそろってビンゴになったら、図書室にもってきてね。1回くじがひけます。どんな当たりが出るかはおたのしみ！
≪借りるときに、あてはまるマスのところにはんこをおします。≫

このカードは“読書通帳”にはりましょう！読書月間中につかいます。

5・6年生＊本となかよしビンゴカード

年・名前 ____________________

行徳小読書月間　10/28〜11/21

自分のすきな本 「　」	9るい 外国のものがたり 「　」	2るい 歴史・地理・の本 「　」	5るい 工業・家庭 「　」
6るい 産業・交通・通信 「　」	0るい 調べる本 「　」	9るい 日本のものがたり 「　」	4るい 自然科学 「　」
8るい ことば 「　」	自分のすきな本 「　」	1るい 道徳・宗教 「　」	3るい 社会のしくみ・民話 「　」
7るい 芸術・スポーツ 「　」	2るい 伝記の本 「　」	自分の好きな本 「　」	9るい 詩・俳句・短歌の本 「　」

※それぞれのマスの本を借りたら、書名を書きましょう。 たて・よこ・ななめ、それぞれのマスに、連続４つ、借りた本の書名が書けたらビンゴです。
11月21日（金）までやっています。一列がそろってビンゴになったら、図書室にもってきてね。1回くじがひけます。どんな当たりが出るかはおたのしみ！
≪借りるときに、あてはまるマスのところにはんこをおします。≫

ビンゴカードはNDCを意識したつくりになっている。

ビンゴゲーム②　本となかよしビンゴ

概要
　読書の意欲付けや読書の幅を広げるために読書週間など一定期間を設けて取り組む。
　1枚のビンゴカードにさまざまな読書のテーマのマスをつくり、マスがビンゴになったらちょっとした品（金シールやふきゴマなど）をプレゼントする。

準備
○ビンゴカードを低学年・高学年の2種類作製する。
○マスのテーマは、下記を参考にして自校に合ったものを考える。
　・あまり読まれない分類
　・自校の推薦図書
　・今月のテーマ本
　・季節や学習に関連した本
　・家庭で読書したら保護者にサインしてもらう欄
　・読書イベントに参加したらハンコをもらえる欄　　etc.
○マスの数は取り組む期間に終わりそうな量とする（努力して終わりそうな量がよい。簡単すぎても手応えがないし、読めない子にとっても満足できる程々の量にする）。
○景品を準備する。
○開始の3日前ぐらいにカードを配付する。クラスでカードの使い方と、記名を指導しておいてもらう。図書の時間に来たクラスには、司書がカードの取り組み方を指導する。
○マスのテーマにした本は図書館内に展示して、カードに取り組みやすい環境をつくる。

実施
○期間内に、カードのテーマに合った本を図書館から借りたり、自宅で読んだりしたら、当てはまるマスにサインやハンコを押してもらう。
○カードの回収は期間の最後の日にする。ビンゴになっていてもなっていなくてもとりあえず、全員分回収する（図書委員が自分の担当クラスへ回収に行く）。
○回収後の仕事
　①カードの確認をする（0ビンゴ、1ビンゴ、2ビンゴ以上の3段階に分ける）。

②カードにチェックした印のハンコを押す。
③ビンゴの数ごとに景品をセットして、クラスへカードとともに返却する。景品はクラスで該当者に渡してもらう。
④カードが返されたら、カードを読書記録（→P.68）にのりで貼る（カードは貼ることを考えて、読書記録の台紙に合った大きさで作製する）。

中澤 公子

資料　　　　　**本となかよしビンゴカード**

うちどく（→P.80）をすすめる要素も入っている。

本のセールスマン

概要

業間休みを利用して行う。

1階の学校図書館まで来てもらわずに、教室のあるフロアで返却や借用ができるというもの。

方法

図書委員が、教室のあるフロア（2階1・2年生の教室、3階4・5年生の教室、4階5・6年生の教室、新校舎3年生の教室）に、本を並べたブックトラックを押していき、各フロアで本の貸出返却業務を行う。

返却の本は預かって、貸し出す本は一覧表に学年・組・名前・バーコード番号を記入し、1階の学校図書館に降りてきた際に返却・貸し出し手続きをパソコンで行う。

本は前もって担当の図書委員が選書したものを使う。

注意

本校では、旧校舎ではエレベーターが使用できるので、ブックトラックをそのままエレベータで運んだが、使用できない新校舎の教室へはコンテナボックスで運搬した。

平野 晴美

出張貸出のためのブックトラック。

本のセールスマンの貸出用紙。

読書郵便①

概要
- 自分の好きな本や読んでおもしろかった本を、校内の友だちに紹介する。
- なかよしペア（→ P.37）の友だちには必ず出す。
- 2年生が集配を行う。図書委員が消印、仕分け作業を行う。

準備
- はがき　切手部分のデザインを図書委員が行い、はがきをつくる。期間前に配布し、ペアに出すものは担任が確認してから、ポストに投函する。2枚目からは図書館に取りに行く。

図書委員デザインの切手。

- ポスト　段ボールを利用してつくる。
　　　　　各クラスのある階にひとつ。
　　　　　各クラス前のドアに貼る。

読書郵便のポスト。

クラスのドア前のポスト。

実施

・集配　業間休み、昼休みを利用する。2年生がポストから集めてきたものを、図書委員が日付消印を押し、再び2年生に各クラスのポストへの配達をお願いする。

読書郵便に消印を押す図書委員。

集まった読書郵便。

・掲示　よくできたはがきはコピーして掲示する。

注意

・なるべく分散するように、なかよしペアに出すはがきは、投函する日を指定する。
・内容や「様」の表記などに注意し、不適切なものは差し戻す。

押田 利江

読書郵便②

概要

　おすすめの本をはがきに書いて、友だちや先生、兄弟学年＊の人に出す。そして、おすすめの本をたくさんの人に広げる。

＊兄弟学年…P.35 にある「なかよしペア」に同じ。

準備

○ポストの設置は、各階1個ずつと図書館に1個。
○各学級 40 枚ぐらいずつ、郵便用紙を配布しておく。
　用紙が不足したら、図書館に取りに来てもらう。
○実施前に、ある学級に見本を書いてもらい、図書館内に掲示しておく。図書の時間で紹介し、こんな感じで書けばいいということを知らせておく。
○トラブル防止のため、郵便用紙には、おすすめの本を広げる目的のためだけに記入することを事前指導する。

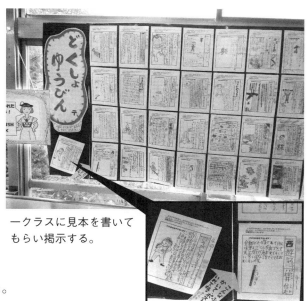

一クラスに見本を書いてもらい掲示する。

実施

○図書委員会が以下の仕事をする。
　・ポストからの郵便回収（1日おきの業間時間）。
　・消印がわりのハンコを押印。
　・いたずら書き、宛先のないものなどを確認する。
　・学級ごとにクリップでとめて、職員室前の手紙入れに配達する。
○学級に届いた郵便は、担任が目を通してから、個人へ配布する。
○郵便をもらった児童は、読んだら自分の読書記録（→ P.68）にのりで貼る。

中澤 公子

うちどくノート

概要
- 「うちどく」とは、家庭で家族の人と一緒に本を読んだり、本のお話をしたりする楽しい時間を持つこと。
- 「うちどく」したことを「うちどくノート」に記録をしていく。

準備
- 「うちどくノート」をつくり、配付する。
- 表紙…色画用紙
- 記入用紙（→巻末資料 P.125）

実施
- 学校の読書月間などに合わせ、「うちどくノート」を配付する。
- 授業参観等に担任より、「うちどく」についての説明を行い、保護者に協力をお願いする。
- 図書館だよりに例を載せ「うちどくノート」の使い方について説明する。
  - 例）・家族で本を読む時間を決め、みんなで読書をする。
  - ・同じ本を読み合い、感想を話し合う。
  - ・家族の好きな本について聞く。
  - ・家族の人に本を読んであげる。
- 6年間同じノートに記入する。

牛尾 直枝

厚紙の台紙に記入用紙を貼っていく。

読書マラソン

概要

- 一定の期間に読んだ本の、低学年は冊数、3年生以上はページ数を記入用紙（→巻末付録 pp.122-123）に記入する。
- 読書月間（週間）に行う場合は学年ごとに目標を設定し、読書月間（週間）が終わったら、目標達成者は掲示などでお知らせする。

浜岡 純子

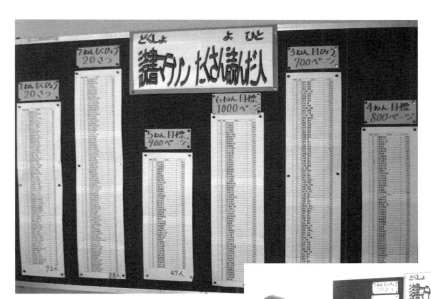

学年別に目標達成者を掲示。

しおりづくり

概要

自分の好きな本や絵を見て、絵を描き、自分のオリジナルのしおりをつくる。

準備

- しおり用の用紙（色画用紙　5cm幅に切ったもの）
- パンチ
- コーティングするもの（ブックコートフィルムまたはラミネートの機械）
- しおりひも
- 各自で　えんぴつ・色えんぴつ・はさみたいもの
- 図書委員が作業工程に沿って説明用紙を作成し、教員はそれを印刷して配付できるようにしておく。
- 三つの机にしおりの用紙、ラミネートの機械、パンチとしおりひもを置き、上で準備した作業の説明用紙をそれぞれの机に置いておく。

実施

①業間休みにしおりづくりにチャレンジ（下図参照）。
②司書か図書委員が①のしおりをラミネートでコーティングする。
③コーティングされたしおりにパンチで穴をあける。
④ひもをつける。

注意

図書委員は、それぞれの机のそばについて児童の作業の支援をする。特に低学年には説明をしながら手伝うとよい。

太田和 順子

> キャラクター募集

概要
- 図書館のマスコットキャラクターを公募して、1年間の図書館マスコットにする。
- 集まったキャラクターを廊下に掲示して、みんなに投票してもらい、一番人気のあったキャラクターを決める。
- 一番になったキャラクターを図書館だよりで紹介し、しおりをつくり読書週間の景品として配付する。

用意
- 図書委員が応募用紙の原稿をつくり、教員が印刷しておく。
- 司書は図書館だよりで募集の告知をする。
- 用紙は図書館に置いたり、図書委員を通じてクラスに配付したりする。
- 募集期間中は図書館に応募用のかごを用意する。

実施
- 集まった応募用紙を廊下に貼り出し、期間を決めて「キャラクター総選挙」を開催する。
- 見に来た児童が、良いと思った作品にシールを貼る。このとき、二重投票を防ぐため、図書委員がシールを渡した児童の学年、組、番号を控えておく。
- 期間終了後、獲得シール数の多い作品をキャラクターに決定する。
- 決まったキャラクターは図書館だよりで紹介し、読書週間の間、景品のしおりとして配付する。

太田和 順子

応募用紙の使用例。

キャラクターを使ったしおりの例。

こども文庫のカバーづくり

概要
- 「青い鳥文庫」や「岩波少年文庫」などの中のお気に入りの本に、自分の好きな表紙をつけてPRする。※本が大きいと負担になるので新書サイズのこれらが最適である。
- 希望者を募って用紙を配り、応募されたカバーを本にかけ、展示する。

準備
- 応募期間、展示期間を決め、ポスターで周知する。
  ポスター内容……応募期間（期間終了日が最終締め切り）／展示期間（1か月程度）
  （注：人気投票を行うならばその旨を知らせる）
- 応募用紙を用意する。
  - A4判　中厚口上質紙をカバーサイズに切ったもの。
  - 帯をつけるなら同上上質紙を3分の1に切ったものも用意する。
  - 上記の用紙をカバーや帯としたときに、表紙になる部分に軽く折り目をつけておく（本の厚さにより位置がずれるので、あくまでも目安程度）。
  - 応募規定（注意事項）を知らせる。
    ①オリジナルであること。既存のキャラクターの絵は使わない。
    ②挿絵の物まねではなく、自分なりのイメージで描く。
    ③帯の文句は、解説や広告の引用ではなく、自分が感じたことを自分の表現で表す。
    ④学校図書館蔵書本に限る。

実施
- 募集期間中、応募用紙と注意事項のプリントを応募者に配付する。
- 期間中随時、仕上がり次第図書館に提出する。
- 締め切り後、応募作品が規定に反していないかを図書委員で審査する。
- 応募作品を、本とともに展示する（人気投票をしてもよい）。
- 優秀作品はフィルムコートをかけ、作者の許可を得て図書館保存とする。

備考
中学校なら、図書委員の主催で通常の文庫本のカバーづくりとして取り組める。

高桑 弥須子

平和の折り鶴

概要
　平和や戦争に関係する本の読み聞かせや本の紹介をして、平和への願いを深める。また、市川市が行っている平和事業の一環で8月の広島・長崎の平和祈念式典へ送る市民からの平和の折鶴募集にも参加するため、図書の時間を使って折り鶴を折る。

準備
- 市役所へ折り鶴を持っていく日から逆算して2週間前ぐらいから始める。なるべく短期間で集中して行う。
- 折り紙の入った袋と、折った鶴を入れる袋をセットにして各学級へ配付する。

図書館での呼びかけ。

実施
- 鶴を折る趣旨を理解してから、取り組む。平和や戦争に関係する本を紹介したり、読み聞かせをしたりする。図書室内でも平和図書コーナーをつくり、詩なども掲示する。
- 図書委員会が回収日に、学級へ封筒を回収に行く。
- 集まった鶴を糸に通し、下が抜けないようにストローを短く切ったものなどで補強する。
- 市役所へ届ける前に、全校が通る場所などに展示してお礼とする。

備考
　自分たちの取り組んだものが、その後、どうなるのかを理解しておくことはとても大事で、来年へつながる意欲となる。やりっ放しではなく、結果を児童に示すことが大切。

昇降口に展示された折り鶴。

結果も報告。

中澤 公子

おはなしバイキング

概要

- 業間休みに、いろいろな場所でいろいろな教員（各学年1名以上）が読み聞かせをする。場所は廊下のスペースがあるところや特別教室など。
- 児童には図書館だよりで、どの場所で何の本を読むのかだけを知らせる。
- 当日、時間になったら、児童は自分の好きな本や興味のある本の場所に行く。誰が読み聞かせをするかはおはなしバイキングが始まるまでのお楽しみ。

浜岡 純子

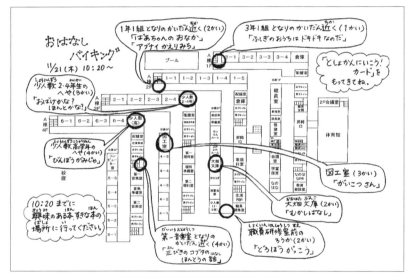

図書館便りの裏面に印刷した告知。

おはなしバイキングでの様子。教員が仮装をして雰囲気を盛り上げている。

朗読集会

概要

朝会で、図書委員会が全員で朗読を行う。

舞台に立ち、原稿をもって読む。途中、繰り返しのせりふを、聞いている児童たちにも、声に出して参加してもらい、全校でひとつのお話の世界を共有する。

準備

- 朗読劇集の本をもとに、原稿を作成する。
- 原稿ができたら、配役を決める。
- １か月前ぐらいから場面ごとに、数グループに分けて練習する（グループ練習）。声の大きさ・間のとりかた・感情の表現・マイクの受け渡し・顔の向きなどを練習する。台本は本番も持って朗読するが、なるべく見ないで済むように、覚えるのが望ましい。
- ２週間前ぐらいから全体練習を体育館で行う。入退場の仕方、待機場所など、本番と同じように練習することが、児童の安心と自信につながる。
- 聞く側の児童にも、２週間前ぐらいから図書の時間を使って歌の練習をさせ、合わせて歌い出すタイミングを指導する。

注意

- もとの作品をアレンジすることになるので、著作権法上そうした活用が可能な脚本を選ぶ（著作権切れ、学校でのアレンジ活用可能な教材など）。
- 集会の成功が児童の達成感につながるため、配役を決めるときは、児童の希望だけでなく、適役になるよう、熟考して決定する。
- 音楽を挿入する場合は、体育館での全体練習の際にタイミングなども検討する。
- 体育館での練習ではマイクの受け渡しにも配慮する。限られた本数しかない場合は、スムーズに受け渡しができるよう、児童の並び方に十分配慮する。

中澤 公子

辞書引き大会

概要

3～6年生で行う。

予選を学級ごとに行い、その後、本選を全部の学年で一斉に行う。そして、学年別に3位までを決定し、表彰をする。

準備

・同じ版の国語辞典を人数分そろえる。
・ページの抜けがないか、破損がないかを確認しておく。
・ストップウォッチの準備。
・解答用紙を図書委員会が作成する（練習用・予選用・本選用の3種類があるとよい）。

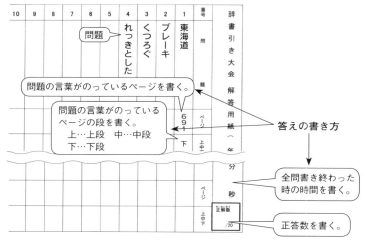

―問題作成の注意点―

1. 濁音、拗音、促音、カタカナなど、いろいろな言葉が入るようにする。
2. 見つける言葉のページが近くならないようにする。
3. 20問で15分間の設定がちょうどよい。
4. 3年生は20問で20分と、時間を多めにするとよい。

実施

予選

・図書の時間を使って、クラスごとに行う。

- 机の上は筆箱と国語辞典だけを置く。
- 解答用紙を配付したら、裏にして机上に置く。
- 注意事項として、人に答え合わせをしてもらうので、読めない字を書いたら×になることを告げる。ていねいに書くことを大事にする。
- 教員（司書）はストップウォッチで時間を計る。スタートの合図で、問題用紙を表にして開始する。
- 20問の場合、3年生は20分間とする。4～6年生は15分間とする。
- 全問終了した児童は「はい！」と言って、挙手する。その時にタイムを計っている教員（司書）は「○分○秒」と大きい声で、タイムを読み上げる。その児童は、解答用紙のタイム記録欄に、自分のタイムを記入する。
- 終わった児童は、解答用紙を机上で裏に伏せて、終了時刻まで静かに待っている。このとき、答えの見直しはしない。
- 終了時刻がきたら、教員は（司書）「終わり！」と、告げる。全問終わっていない児童も、途中で終わりにする。
- 答え合わせをするので解答用紙を隣同士、またはグループ内で交換する。教員（司書）は正解を読み上げる。それに合わせて赤えんぴつで正解したものに○をつけていく。最後に○の数を解答用紙の正答数を書く欄（○/20）に記入して、本人に解答用紙を返す。
- 順位は正解数が多くて、タイムの早い順につける。上位3位（＋補欠1名）は、本選に進む。

本選
- 30分ぐらいある長めの休み時間に行う。
- 場所は図書館にて行う。学年ごとに座り、机上には、筆箱と国語辞典だけを置く。
- やり方は、予選と同じ。
- 終了時刻が来たら、終わりの合図で解答用紙を図書委員が集める。
- 参加者は自分で使った辞典を片づけて、教室へ帰る。
- 図書委員は答え合わせを行い、学年ごとの3位までを決定する（正解数が多くて、タイムの早い順とする）。
- 後日、賞状を作製して、朝会で表彰する。

その他
- 予選後に、本選参加者や本選入賞者などをポスター等でＰＲすると、関心度も高くなる。

中澤 公子

百人一首大会

概要

　全学年で行う。予選は、クラスごとに行う。その後、代表に選出された児童が本選に進む。

準備

- 札がそろっているか、確認する。
- 本選用の記録用紙を作成する。
- 教室や図書の時間を使って、事前に数回、練習しておく。1年生の練習は、はじめ下の句を読むときには、読み手が手を挙げる。このことにより、手を挙げたところからの言葉をさがして札を取ることに慣れさせる。
- グループ分けも力を均等に分けるのか、圧倒的に強い児童を集めたグループにするのか、担任と相談の上、決める。

予選

- 予選週間を設けて、本選に出る児童を1クラス3名ぐらい選出する（人数は規模に応じて検討する。補欠も1名選出しておく）。
- 1グループは4～6名ぐらいとする。
- 教員（司書）が読み手となる。はじめは札が多いので、少し間を置いて読む。
- 多く札を取った人の順に代表を決める。
- 予選後に、本選参加者や本選入賞者などをポスター等でPRすると、関心度も高くなる。

本選

- 本選は昼休みに、体育館で行う。学年別にグループをつくり、学年ごとの上位3位までを決める。
- 1グループ多くても6名ぐらいまでにする。それ以上多くなる場合には、1学年2グループつくってもよい。
- 各グループに記録員兼審判員の図書委員1名と、教員が1名つく。
- 読み手は、図書館部の教員や司書が行う。マイクを使用する。

- 応援に来た児童は、2階ギャラリーで静かに見守る。
- 100枚、札を読み終わったら、各グループの記録員と教員が札の枚数を数えて記録する。
- 各学年上位3位までを入賞とする。
- 片づけは参加者全員で行う。
- 後日、賞状を作製し、朝会で表彰する。
- 希望する保護者や教員のグループをつくって参加してもらうのもよい。

中澤 公子

各教室での予選。

体育館での本選の様子。

中学校の実践

難しさと成功のポイント
── 外郎(ういろう)売りコンテストにいたるまで

中学生は忙しい！

　日課はいつも6時間授業。部活動がみっちりある上に塾通い。宿題や課題が複数教科から出る。ラインやメールに対応しなければならないし、ゲーム情報、アイドル情報もチェックしなければ……。そうして、高校受験がいつも頭に暗にのしかかる。

　学校側も忙しい。教科進度や内容は足並みをそろえなければならず、勝手なことはできない。学校行事は目白押し。今あるものは削りたくても削れない現状。とにかく、時間が取れない！

　──それぞれの学校で事情は様々に違うのでしょう。学校一丸となって取り組む体制ができているところもあるでしょう。しかし、中学校の大方は、ある教科や領域が音頭をとって、何かをともにという仕組みにはなりにくいようです。学年単位で動けるだけで大したもの。まずはできるところを探ります。

まずは小さく堅実に

　学校体制として協力が得難い上に、「ただでさえ忙しいのに」と、反感を持たれてはマイナスです。大義名分を探しましょう。図書館イベントは「教育課程の展開に寄与」する活動であるというだけでもいいのですが、具体的に教科書単元に沿っていると表立っての反対はされにくいものです。後述する「外郎売りコンテスト」は、国語科の教材から司書教諭の発案で始まりました。

　教育出版「中学国語2年生」（平成23年版）には「歌舞伎『外郎売り』」という教材があります。「外郎売り」という演目はせりふ回しが命、声に出してこそですから、音読は大事な学習項目です。そこで、あの長せりふの中から、「好きな場所を好きなだけ音読する（演じられればなお可）」という「外郎売りコンテスト」を実施することとしました。主催は図書委員会。平日の放課後に自由参加とすれば、年間行事の隙間をぬって行えます。全校生徒に向けての告知は、図書委員がそれぞれのクラスで呼びかけました。そして全校集会の時間を少しもらって、芸達者な生徒の実演で宣伝。その語り口やお見事！　ほかに昼の放送を使うこともできます。

定番だけど、連携

「教科と連携」ということが功を奏しました。コンテストを実施しようという段階で、3年生は前年に学習していますし、2年生はまだ授業の余韻十分。さて1年生はどうするか、ここで1年担当国語教師の協力を得て、各クラスに飛び込みで1時間、歌舞伎ガイダンスの時間をもらいました。歌舞伎概要と「外郎売り」という演目の簡単な説明。そしてせりふ全文の印刷物を配布し、範読紹介。ここで気を付けたことは、早口でありさえすればよいというものではないということ。敬遠されたりうんざりされたりしてはたまりません。この演目は言葉遊びなのだ。「けっこう毛だらけネコ灰だらけ、鳥の丸焼きまるもうけ。……」と同じなのだ。だから、楽しく声を出そう。ワルノリしよう。周りを巻きこもう。と、まとめました。コンテストがあるから、気軽に遊び気分で応募しようと呼びかけました。

教員のひと押し

　イベントは、生徒のかくれた面を引き出すチャンスです。日頃、生徒たちを見ている先生方は、これはという生徒に声をかけてくれます。この「外郎売りコンテスト」も、普段の授業で楽しそうに音読する生徒を勧誘してくれました。先生方に話題をふって、心当たりの生徒はいないか尋ねてみましょう。

　生徒同士の誘い合いも大きいです。一人では臆するけれど、「○○くんと一緒なら」というペア参加がありました。今年、第3回が開催されましたが、早くも次年度でのリベンジを狙う生徒がいます。定番になるとしめたもの。年度はじめに学校行事を見て、早めに開催日を決定できると十分な準備の上でスタートできます。

生徒の力を頼りに

　イベントは、図書館常連に振ってみましょう。一人で黙々と読み続ける常連さんもいれば、つるんでやってくる気まぐれ常連さんもいます。彼らに企画のアイデアを募ったり、彼ら自身に参加者として盛り上げてもらったりしましょう。仲間同士でやってくる常連さんは、まとまって参加してくれる可能性大です。一人がその気になってくれれば、アイデアもわきでてくるし、参加者も増えます。小学校とは違って授業との関わりは厳しく、名前を覚えるのも難しい。そして自由時間の少ない生徒たちが図書館に来てくれることも、水商売のようになかなか流れは読めません。しかし、同じ屋根の下の生徒たち、カウンターの内側で生徒を見ながら、その機をとらえたいものです。生徒もやはり、一人から。

高桑 弥須子

中学校での学校図書館イベントの持ち方

元 千葉県市川市公立中学校司書教諭　増田栄子

　学校図書館のイベントは当然のことですが、学校を挙げて取り組むことが必要です。中学生の生活は、部活動や進路選択に向けて多忙で、時間的に厳しいのも事実です。また、教科担任制の中学校では教員の出身分野も異なり、考え方も様々です。図書館担当者がイベントを計画、立案しても教員と同一歩調で実施するのは、なかなか難しいのが現実でしょう。学習指導要領に学校図書館の計画的利用や活用が記載されても、学校図書館への関心は今一歩のようです。

　そんな現状だからこそ、図書館活動を推進し、イベントを持てる学校体制であることが重要であり、そうあるよう努めることです。図書館担当者の多くは、読書が好きで「良い本を生徒に手渡したい」と思っています。しかしその思いが熱いゆえに、ほかの教員とつながれず独走もしがちです。ほかの教員から離れた図書館は、生徒からも離れた図書館であり、それでは「活きた」図書館とは言い難いのではないでしょうか。

　私が勤務し司書教諭を務めた中学校には、とても素敵な図書館があります。朝の読書も十数年続いています。図書館の利用マナーや授業での活用は、全校で共通理解が図られ10年以上継続されてきました。毎年、図書館教育部や研究推進委員会を中心に職員会議に図り推進されています。朝の読書では毎年教員と生徒にアンケートを実施し、結果を報告してきました。学校体制として取り組むには、司書教諭と司書の協働にとどまらず、日々の地道な活動が不可欠です。多忙な学校生活や生徒・教員を客観的にとらえ、（私は勝手に「人間ウォッチング」と言っていますが）支援することが大切だと思います。

　勤務校の図書委員会の「保育園での読み聞かせ」、文化祭での紙芝居のステージ発表、卒業期の詩の掲示等は、私が着任した7年前には既に行われており、今も続いています。また図書委員会主催の「外郎売りコンテスト」。希望者による参加ですが、教科書改訂により国語の教科書に歌舞伎が記載されたのを機に、3年前に開始。これも司書教諭と司書の発案に国語科や全学級担任が協力して進めることができました。

　このように、学校体制につなげることで図書館のイベントもスムーズにいきます。しかし、これが当たり前のようでなかなか難しく、継続するのも難しいことです。でも、あきらめず「ウサギとカメ」のカメのような歩みで、できることを焦らず推進していきませんか？

中学校の実践例① 図書館ＰＲ集会

高桑 弥須子

概要

全校集会での出し物。コント仕立てで図書館の利用案内をする。伝えたい項目の数で時間調整をする。

準備

図書委員会で取り組む。
- 持ち時間を確認し、ネタを考える。今回は困った行動をする人を登場させ、その行動を訂正する形で図書館の蔵書や決まり事の紹介をするという筋立てにした。
- ネタに合わせて役を割り振る。
- それぞれの小道具準備。
- 本番に向けて、練習。

実施

①図書委員は役に応じて舞台袖に待機（困った行動をする人：舞台下手、ふさわしい本を持ってくる人：舞台上手）
②司会者が登壇してあいさつ
③発表（→ P.96）。舞台下手から、困った行動の人。上手から紹介本を持った人。舞台中央で客席に本を見せながらポーズののち、困った行動の人に渡す。
④司会者が図書館のＰＲをして挨拶、終了。
⑤全員あいさつ　終わったら使用した小道具や本などを持って降壇し、体育館脇を回ってフロアの自分の席に着く。

資料　**発表原稿　モジモジしないで楽しんでやりきりましょう!!**

　　登場人物：A～Zまでの26人（図書委員）

　図書委員は体育館わきに整列→舞台袖に待機（変な人役：舞台下手、本・ボードなどを渡す役：舞台上手）
　アナウンス役のAとBは舞台端に立ち、司会進行。
　出演者は常に舞台中央を意識し、客席に本を見せるようにする。

A：（礼）これから図書委員会の発表を始めます（礼）。
B：今日は、皆さんにもっと図書館を利用したり、本を読んだりしてほしいので、図書館の正しい使い方について紹介します。
（C：猛ダッシュで出て、舞台をかけまわる）
A：図書館で走るのはいけませんが……。
（D：「速く走る走り方」の本を持って出て、舞台中央でCをつかまえて手渡す）
B：速く走る方法を勉強することはできます。
（E：少年漫画の週刊誌を読みながら出てくる）
A：図書館に漫画週刊誌はありませんが……。
（F：『三国志』『はだしのゲン』を持って出て、客席に向かって見せたのち、Eに手渡す。以下同様に行う）
B：『三国志』や『はだしのゲン』、文学作品のマンガ版などもあります。
（G、H：ワイワイおしゃべりしながら出てくる）
A：図書館でうるさくすると人の迷惑になりますが……。
（I：「五月蠅い」と書いたB2判厚紙を持って出てくる）
B：ちなみに「うるさい」は漢字でこう書くので、漢字の勉強をするのは、ありです。
（J：リコーダーを吹きながら出てくる）
A：図書館でリコーダーを吹くと迷惑ですが……。
（K：楽器の本を持って出てくる）
B：楽器の本は充実しています。
（L：Hな本（背表紙に大きくハートマークを描いたカバーをつけた大型本）を読みながら出てくる）
A：図書館に卑猥な本はありませんが……。
（M：進化の本、人体の本を持って出てくる）

B：人間の進化の仕組みや身体の仕組みを知ることはできます。
（N、O：Nのあとから O がそっと出てきて、O が背後から N を驚かせる）
A：人をびっくりさせたり、こわがらせたりしてはいけませんが……。
（P：怪談本を持って出てくる）
B：学校の怪談シリーズで自分がびっくりするのはかまいません。
（Q：ほうきにまたがって飛ぶ様子をしてくる）
A：ほうきで空は飛べませんが……。
（R：『ハリー・ポッター』シリーズや『魔女の宅急便』シリーズなどを持って出てくる）
B：ハリー・ポッターやトリックアートで魔法の世界に飛んでいってください。
（S、T：S が歩いて出てくる。そのあとを T が走って出てきて S を本で殴る格好をする→T、倒れる）
A：図書館でなくても人を殴ってはいけませんが……。
（U：白手袋や拡大鏡、フロックコートなど、探偵らしい扮装をして、推理小説を持って出てくる。客席に本を見せたあと、T の本をとりあげ、持っていた本をわたす）
B：事件が好きな人におすすめなのが、シャーロック・ホームズや二十面相などの探偵小説です。ちなみに、当然のことですが、図書館の本で遊んではいけません。
（V、W：コックの帽子など職業がわかるコスプレ）
A：世の中にはいろいろな職業がありますが……。
（X：職業の本を持って出てくる）
B：さまざまな職業が紹介されている本で、自分の将来をさがしてみるのもいいでしょう。
（Y：ニヤニヤと上を見ながら歩いて出てくる）
A：変な妄想はよくありませんが……。
（Z：『空想科学読本』を持って出てくる）
B：『空想科学読本』で空想の世界を楽しんでみませんか。
A：このように図書館は、いろいろな種類の本があり、自分の興味のある本を静かに読んで楽しむところです。本があまり好きではない人も、本棚を見てみると、楽しい発見があるかもしれません。もちろん、もっとじっくり読みたい人は、本を借りることもできます。ぜひ、図書館に来てください。お待ちしています。
（舞台両袖から全員集合、整列する）
B：これで図書委員会の発表を終わります。礼。
（一同礼）

＊台本は、「こういうことされると、困るよね」というネタで、図書委員たちが話し合ってつくった。

中学校の実践例② 外郎売りコンテスト

高桑 弥須子

概要
自由参加者による放課後のイベント。参加者を募り、歌舞伎「外郎売り」の口上のうち、自分の好きな部分を好きなだけ朗読する。暗唱できればなおよい。

準備
図書委員会で取り組む。
- 学校学年行事を考慮しながら日程の決定。ポスター等による告知。および全校集会で、模擬演技とともに知らせる。
- 国語科担当教諭にも協力を求め、生徒の参加を促してもらう。
- 副校長、国語科主任などに審査員を依頼する。
- 応募者名簿作成。
- 賞状、参加賞などの用意。
- ラシャ紙で定式幕作成(黒、橙、深緑の3色。全判のラシャ紙を縦3つに切り、3色を貼り合わせて1枚とする。4枚は欲しい)。
- 司会者、発表順を決める。学年順とし、学年内の順番は名簿を見て決める。プログラム代わりに参加者氏名を筆書きで掲示。
- 会場は机を片寄せ、いす席だけとする。

実施
① 参加者は参観者とともに会場のいすに座る。出入りしやすいように配慮する。
② 司会者がはじめの言葉を述べ、進行していく。
③ 一人ずつ発表する。
④ 全員の発表が終わったら審査員の講評ののち、全員の中から最優秀賞、各学年1名ずつの優秀賞、優良賞を発表する。

入賞者の名前に金紙を貼って掲示。

備考
「外郎売り」に限らず、「歌舞伎名台詞コンテスト」としても楽しい。その場合、名台詞を図書館側であらかじめ選び、提示するとよい。

参考図書:『知らざあ言って聞かせやしょう』赤坂治積 著 新潮社 など

資料①

「外郎売(ういろう)」口上

　拙者(せっしゃ)親方と申(もう)すは、お立ち会いの中に、御存知のお方もござりましょうが、お江戸を発(た)って二十里上方(かみがた)、相州(そうしゅう)小田原、一色町(いっしきまち)をお過ぎなされて、青物町(あおものちょう)を登(のぼ)りへお出(いで)なさるれば、欄干橋(らんかんばし)虎屋(とらや)藤右衛門(とうえもん)、只今(ただいま)は剃髪(ていはつ)いたして、円斎(えんさい)と名のりまする。

　元朝(がんちょう)より大晦日(おおつごもり)まで、お手に入れまする此の薬は、昔、陳(ちん)の国の唐人(とうじん)、外郎(ういろう)という人、我が朝に来たり、帝(みかど)へ参内(さんだい)の折から、この薬を深く籠(こ)め置き、用ゆる時は一粒(いちりゅう)ずつ、冠のすき間より取り出(い)だす。依(よ)って其(そ)の名を帝より、「透頂香(とうちんこう)」と賜(たま)わる。即(すなわ)ち文字(もんじ)は、「透(す)き頂(いただ)く香(にお)い」と書いて、「とうちんこう」と申す。

　只今は此の薬、殊(こと)の外(ほか)世上(せじょう)に弘(ひろ)まり、ほうぼうに偽看板(にせかんばん)を出(い)だし、イヤ小田原の、灰俵(はいだわら)の、さん俵(だわら)の、炭俵(すみだわら)のと、色々に申せども、平仮名を以(も)って「ういろう」と致(いた)せしは、親方円斎ばかり。もしやお立ち合いの中に、熱海か塔ノ沢へ湯治においでなさるるか、又伊勢御参宮の折からは、必ず門(かど)ちがいなされまするな。お上りならば右の方、お下りなれば左側、八方(やほう)が八つ棟(むね)、おもてが三つ棟玉堂造(みむねぎょくどうづく)り、破風(はふ)には菊に桐のとうの御紋(ごもん)を御赦免(ごしゃめん)あって、系図正しき薬でござる。

　イヤ最前より家名の自慢ばかり申しても、御存知ない方には、正身(しょうじん)の胡椒(こしょう)の丸呑(まるの)み、白河夜船(しらかわよぶね)。さらば一粒(いちりゅう)食べかけて、其(そ)の気見合いをお目にかけましょう。先(ま)ずこの薬を、かように一粒(ひとつぶ)舌の上へのせまして、腹内へ納めますると、イヤどうも言えぬわ、胃心肺肝(いしんぱいかん)がすこやかに成って、薫風(くんぷう)咽喉(のんど)より来たり、口中微涼(びりょう)を生ずるが如(ごと)し。魚、鳥(ぎょちょう)、きのこ、麺類の食い合わせ、其の外(ほか)、万病即効あること神の如し。さて、この薬、第一の奇妙には、舌のまわることが銭ごまがはだしで逃げる。ひょっと舌が廻(まわ)り出すと、矢も盾(たて)もたまらぬじゃ。そりゃそりゃ、そらそりゃ、まわって来たわ、まわって来るわ。あわや咽喉(のんど)、さたらな舌(ぜつ)に、かげさ歯音(しおん)。はまの二つは唇の軽重開合(けいちょうかいこう)さわやかに、あかさたな、はまやらわ、おこそとの、ほもよろを、一つへぎ、へぎに、へぎ干し、はじかみ。盆豆、盆米、盆ごぼう。摘(つ)み蓼(たで)つみ豆(まめ)つみ山椒(ざんしょ)、書写山(しょしゃざん)の社僧正(しゃそうじょう)。小米(こごめ)のなま噛(が)み、小米のなま噛み、こん小米のこなまがみ。繻子(しゅす)ひじゅす、繻子(しゅす)しゅちん。親も嘉兵衛(かへい)、子も嘉兵衛、親かへい子かへい、子かへい親かへい。古栗(ふるくり)の木の古切口(ふるきりくち)。雨合羽(あまがっぱ)か番合羽(ばんがっぱ)か。貴様の脚絆(きゃはん)も皮脚絆、我等(われら)の脚絆も皮脚絆(かわきゃはん)。しっかわ袴(ばかま)のしっぽころびを、三針(みはり)はりながにちょと縫うて、縫うてちょとぶんだせ。かわら撫子(なでしこ)野石竹(のぜきちく)。のら如来(にょらい)のら如来、三のら如来、六のら如来、一寸(いっすん)のお小佛(こぼとけ)にお蹴(け)つまずきゃるな。細溝(ほそみぞ)にどじょにょろり。京の生鱈(なまだら)、奈良、生まな鰹(がつお)、ちょと四五貫目(しごかんめ)。お茶立ちょ、茶立ちょ、ちゃっと立ちょ、茶立ちょ、青竹(あおたけ)茶せんでお茶ちゃと立ちゃ。来るわ

来るわ何が来る、高野(こうや)の山のおこけら小僧、狸(たぬき)百匹、箸(はし)百ぜん、天目(てんもく)百ぱい、棒八百本。武具馬具ぶぐばぐ三ぶぐばぐ、合わせて武具馬具六ぶぐばぐ。菊栗(きくくり)三きくくり、合わせて菊栗(きくくり)六きくくり。麦(むぎ)ごみむぎごみ三むぎごみ合わせて麦ごみ六むぎごみ。あのなげしの長薙刀(ながなぎなた)は誰(た)が長薙刀(ながなぎなた)ぞ。向こうのごまがらは荏(え)の胡麻殻(ごまがら)か真胡麻殻(まごまがら)か、あれこそほんの真胡麻殻(まごまがら)。がらぴいがらぴい風車(かざぐるま)。おきゃがれこぼし、おきゃがれこぼおし、ゆんべもこぼして、又こぼした。たあぷぽ、たあぷぽ、ちりから、ちりから、つったっぽ。たっぽたっぽ、干(ひ)だこ、落ちたら煮て食お。煮ても焼いても食われぬものは、五徳(ごとく)、鉄きゅう、金熊(かなくま)どうじに、石熊(いしくま)、石持(いしもち)、虎熊(とらくま)、虎(とら)ぎす。中にも東寺の羅生門には、茨木童子(いばらぎどうじ)が、うで栗五合(こんごう)、つかんでおむしゃる。かの頼公(らいこう)の膝元去らず。

　鮒(ふな)、きんかん、椎茸(しいたけ)、定めてごたんな、そば切り、そうめん、うどんか愚鈍(ぐどん)な子新発地(こしんぼち)。小棚(こだな)のこ下の小桶(おけ)に、小味噌(こみそ)がこあるぞ、小杓子(こびくし)こもって、こすくってこよこせ。おっと合点だ、心得たんぼの、川崎、神奈川、程ヶ谷、戸塚は走って行けば、やいとを摺(す)りむく。三里ばかりか、藤沢、平塚、大磯がしや、小磯の宿を七つ起きして、早天そうそう、相州小田原透頂香(とうちんこう)。隠れござらぬ、貴賎群衆(ぐんじゅ)の花のお江戸の花ういらう。あれあの花を見て、お心をお和(やわ)らぎやあという。産子(うぶこ)、這子(はうこ)に至るまで、このういらうの御評判、御存知ないとは申されまいまいつぶり、角出せ、棒出せ、ぼうぼうまゆに、うす、杵(きね)、すりばち、ばちばちぐゎらぐゎらぐゎらと、羽目を外して今日(こんにち)おいでの何れも様に、上げねばならぬ、売らねばならぬと、息せい引っぱり、東方世界の薬の元締(もとじめ)、薬師如来(やくしにょらい)も上覧(しょうらん)あれと、ホホ、敬(うやま)って、ういらうはいらっしゃりませぬか。

参考図書：『声に出すことばえほん　外郎売』2009　ほるぷ出版

＊実施にあたっては、せりふの一節だけでよいことを伝える。

資料② 図書委員がつくったコンテストのポスター

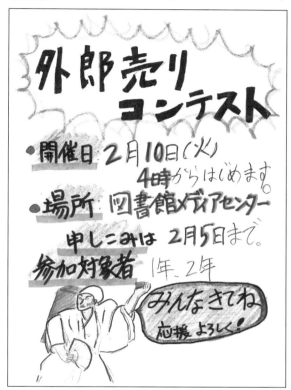

中学校での読書イベントでは図書委員の活躍がかぎ。

資料③ 賞状

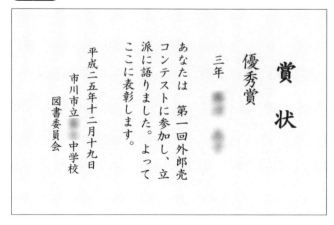

賞　状

優秀賞

三年　◼︎◼︎　◼︎◼︎

あなたは　第一回外郎売コンテストに参加し、立派に語りました。よってここに表彰します。

平成二五年十二月十九日
市川市立◼︎◼︎中学校
図書委員会

中学校の実践例③　連歌形式絵本づくり

高桑 弥須子

概要
　複数の人間が一場面ずつストーリーを重ねていき、1冊の絵本にする。図書委員が図書館のアピールのために1冊の絵本をつくるのもよい。

準備
・原稿枠を印刷した用紙（Ａ４判　横）
・油性ネームペン、色えんぴつまたはカラーマーカー

実施
①全員で主人公を決める。みんなが描きやすい主人公がよい。
②描く順番を決め、順番に描いていく。一人が一見開きを担当し、左ページに文章、右ページに絵を描く。
③前の人の場面を受けて、即興で自分の場面を描く。次の人だけに見せる。
④最後の人まで回って完成。みんなで見合う。
⑤その後、製本する。

備考
・製本する前に、全場面を掲示してもよい。
・話し合ってつくるストーリーではないので、何度も同じパターンの行動になってしまうこともあるが、それもまた楽しい。

中学校ならこんな活動も　雑誌リサイクル

高桑 弥須子

概要

古雑誌を希望する生徒に譲る。古雑誌を2日間展示し、希望の雑誌を投票してもらい、のちに図書委員が配る。希望が重なったら図書委員による抽選とする。

準備

- 古雑誌に「リサイクル雑誌」のシールを貼る。
- 希望票、希望票を入れるポストをつくる。
- 「リサイクル雑誌」の展示期間をポスター等で知らせる。概要を図書委員がクラスで説明しておく。

実施

- 雑誌を展示する。
- ほしい雑誌の番号と自分のクラスと名前を希望票に記入し、ポストに入れる（一人3枚まで）。
- 開票し、雑誌の希望が重なっていなければ、希望者に決定。重なっている場合は、図書委員で抽選する。
- 雑誌を届ける。

資料①　図書委員作製のポスター

呼びかけのポスターはやはり図書委員の手で。

資料②　リサイクル雑誌希望票

中学校での読書イベント

成功の秘訣は図書委員会

千葉県市川市立第三中学校司書教諭　五十嵐 ふみ代

　中学校の読書イベントを成功させるためには、図書委員会の存在が欠かせません。その図書委員会を動かす委員会経営を、勤務校を例に紹介します。

基礎編

　まず図書委員会が自主的に動けることが大切です。そのため、どんな小さなことからでも、徹底的に生徒の自主性を伸ばすことで委員会が機能していくことを信じていきます。司書教諭や学校司書は裏方に徹しています。ここぞというときだけ出ます。

①役員の選出

　司書教諭および委員会顧問の先生方や学校司書は、委員長決めには口を一切はさみません。「あの子がなると動かしやすいんだけれど……」などとは思っても口には出しません。旧委員長が、「これから図書委員長をやりたい人を決めます。やりたい人は挙手をお願いします」。ここで数人手が挙がります。そこで旧委員長はたたみかけるように「では手を挙げた人は演説をお願いします」。手を挙げた生徒が自分の図書委員会に寄せる意気込みを語ります。知らない者同士が多いから話す方も聞く方も真剣そのものです。それが終わると投票です。

　このようにそれぞれの役員を選んでいきます。なかなか手が挙がらない役もありますが忍耐強く待ち、ときにはアドバイスをします。新委員長にバトンタッチしてからは、終始司会は新委員長です。大抵は経験者が選ばれますし、図書委員は代々「なりたい」生徒が集まってきます。仕事が多いのを承知でやってくる愛すべき生徒たちです。

②役割分担

　さて、こうして決まった委員長、副委員長、書記、学年代表が中核になって、図書委員を「新聞班」「図書紹介班」「掲示物班」と分け、毎月の仕事を割り振り、どんどん任せていきます。もちろん図書館の開館日の図書当番の仕事があります。委員会の進め方は、事前に委員長を呼んで、「今日はこの議題とこの議題について話し合いをしてください」と話をしておきます。ですから委員会は、すべて「生徒の手でどんどん進んでいける」わけです。もちろん途中で困ったら教員に助けてもらうこともできます。これで生徒主体型の図書委員会ができてきます。代々先輩たちの働きを見ているうちに自然と身についてくるものなのです。司書教諭や学校司書は毎回会の終わり

に図書委員会のあるべき姿や激励、これからの希望そして課題を述べます。

応用編
①全校集会で朝読書推進キャンペーン
　勤務校では毎年、5月に行っています。朝読書の大切さを訴え、大きなラシャ紙に朝読書のキャッチコピーを書いて全校生徒に見せます。「毎日」「好きな本を」「読むだけ」「雑誌や漫画だめ」が条件。併せて、図書委員4人ほどが読書紹介を行います。選書も図書委員がしますし、文章も本人たちが書いてきたものを学校司書が推敲して直すだけです。

②朝読書からポスターづくり
　1学期に1冊、お気に入りの本を紹介するポスターを、全校生徒に1枚ずつ書いてもらいます。図書委員を通じて用紙を配り、学級担任の協力を得て、全員書きます。それをファイルして図書館に置いておきます。時々来館した生徒が眺めていきます。生徒目線の紹介はとてもいいものです。

③夏休みの子どもへの読み聞かせ
　夏休みには地域の皆様への読み聞かせを行っています。主に幼児を対象にしています。地域のボランティア活動をしている方々と一緒になって、中学校からは本を持っていくだけです。これも夏休み中なので希望する生徒だけ連れていきます。

④文化祭でのブラックパネルシアター上演
　ブラックパネルシアターは7月の図書委員会から準備を開始します。生徒は9月からは学級の活動に行ってしまうので、早めに動くことが肝心です。本やキャストなどは、7月には決めて動きます。もちろん裏方含め全員が仕事を受け持ちます。文化祭でのブラックパネルシアターは図書委員会の最大のイベントなので、みんな張り切っています。要領よくやれば夏休みには活動しなくても乗り切れますが、実際には夏休みも図書館が開館日には登校して仕事をしています。9月には放課後学校司書の指示を仰ぎながらどんどん仕事を進めていきます。

　ブラックパネルシアターは、2014年度には『スイミー』（原作はレオ・レオニ 作／谷川俊太郎 訳　好学社）。この時は時間の余裕があったので『エリカ』（ルース・ジー 文　ロベルト・インノチェンティ 絵／柳田邦男 訳　講談社）の読み聞かせもしました。2015年度は『このよでいちばん大きな男の子』（原作は、キム・セシル 文／クォン・ジェリョン 絵／かみや にじ 訳　少年写真新聞社）でした。

　ブラックパネルシアターは道具が多く一人ひとりが責任を持って動かないと上演は

難しいので、はらはらすることもあります。とにかく練習、練習の繰り返しです。体育館のリハーサルも大事です。反省会をし、本番に生かしていきます。本番では大成功で、生徒は達成感を味わうことができます。

⑤小学校への出前ブラックパネルシアターと読み聞かせ、読書クイズ

　学年末には近隣の小学校の体験イベントに土曜日参加します。3年生が卒業してしまっているので、2学期のイベントとは役割分担からやり直し。でも作品はできあがっているので、必要な人数は少なくて済みます。土曜日なので出られない生徒もいますが、それでちょうどの人数になります。読書クイズで児童が集まってきます。小学生用の読み聞かせをして、ブラックパネルシアターの上演を3回します。

⑥全職員のお勧め本の紹介新聞

　校長先生から用務員さんまでおすすめの本を出してもらい、新聞で全校に配付します。　この新聞のがんばりどころは、一教員に担当生徒を一人決めておくこと。先生方は忙しいので締め切りを忘れがち。そこで生徒が頼み込むと、先生方もがんばって書いてくれるのです。もちろん司書教諭は事前に締め切りなどお知らせをして、協力をお願いしておきます。この新聞はバラエティーに富み、先生方の意外な一面の知ることができ面白いです。B4判両面で4枚になる図書新聞になります。パソコンへの打ち込みも生徒がします。

　ところで、教員の協力を仰ぐといえば、「全教員による読み聞かせ」があります。これは、朝読書の時間に校長先生始め全教員が学級に入って行うものです。簡単に行えるうえ、先生方の素顔も見られて好評です。図書館では、選書に困っている教員のために、絵本をブックトラックに入れて職員室前に設置しました。

　いろいろな学校があると思いますので、学校にあったやり方で図書委員を生かしてください。

第3章

読書イベントの
　　　　　企画から広報まで

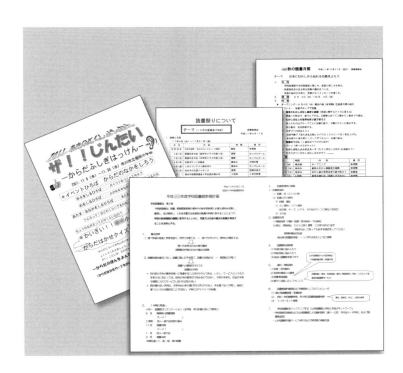

学校全体で取り組む読書イベント

　学校全体で学校図書館行事を行うにあたっては、司書教諭と学校司書とが共通認識を持ち、それぞれの役割を明確化し、連携していくことがもっとも大切になってきます。
　その上で、学校全体の職員の理解と協力を得て行事を運営していきます。

手順
　年度当初司書教諭と学校司書との話し合いの中で、図書館の年間活動を決める際、時期、期間、役割分担等の確認をしましょう。
　次に、教頭または教務主任に図書館担当者が話し合った内容について、学校全体の年間計画に入れてもらうことが可能かを確認し、可能であるなら年間計画に組み入れてもらいます。
　その後、学校図書館部会（司書教諭・学校司書・各学年1名）において、学校図書館年間計画を提示し、学校図書館の年間の動きを理解してもらいます。そして職員会議に、学校図書館年間指導計画、利用指導計画と合わせ、学校図書館の行事についての提案を行います。

企画
　図書館年間計画が決まったら、それに合う企画を考えます。
　読書月間のイベントの手順です。
①**テーマを決めましょう**
　テーマは、その年にあった出来事（地震・オリンピック・創立記念日など）に関係すること、ぜひ児童に知ってほしいこと（自分の体・宇宙など）、また一人の作家の作品をたくさん読む、動物の出てくる本さがし（ねこが主人公のお話紹介・たろうが出てくる昔話集めなど）、詩を使って遊ぶ活動など、その年の児童を見て、学校の行事を考えながらテーマを決めていきましょう。テーマに迷ったら、図書館中を歩いて、書架を見回しましょう。書架に並んだ本から、「私をテーマにして」との声が聞こえてきます。図書館の本の中には、あまり児童の手に取られない本があります。しかし、その中には、児童にぜひ読ませたい本も多くあります。そのような本を選んでテーマにしてたくさん読ませてしまえばよいのです。そして、テーマにキャッチフレーズを付けましょう。楽しいキャッチフレーズを付け、より読書月間を身近に感じさせるよ

うにしましょう。例えば、
「世界まるみえ！IN ○○（○○には学校名）　―世界にはどんな国があるの―」
「みんなで節電・エコなこと　―本を読んでわたしたちにできるエコを知ろう―」
などはどうでしょうか。

②イベントの内容を決めましょう

「クイズ大会をしよう」「実験を見せよう、体験させよう」「つくってみよう」「調べ学習もしよう」などのテーマに合ったイベントを考えていきます。小学校では異学年との交流もいろいろ行われているので、異学年で交流ができるようなイベントも図書館行事の中に入れてはどうでしょう。また学校全体で行う活動（全校群読・クイズ大会・朗読コンテストなど）も楽しいイベントになります。

③日程を調整しましょう

　年度当初の年間計画には、予定されていなかった遠足、行事等が次々に入ってきます。また、学校全体、異学年で活動するイベントは、学年どうしでの話し合いが必要になってきます。イベントの内容によって、業間休み、昼休み、図書館割り当ての時間を使うなど、振り分けていきます。そして、各学年、学級の参加活動日を一覧表にします。再度、学年、教頭または教務主任に期間中の校内行事との調整をお願いします。
　その後、職員会議で提案していきます。児童図書委員会の練習、担当日時等の予定表も併せて提案します。

実施
　児童図書委員会への提案をします
①内容の説明をします

　職員会議で通った内容について、児童図書委員会に伝えます。児童図書委員の意見も聞き、内容が変更可能なものについては、司書教諭と司書との話し合いの上、意見も聞き入れます。このとき、キャッチフレーズについても意見を求めるのもよいです。児童の方が楽しいキャッチフレーズを出してくるかもしれません。

②担当を決めます

　オープニング担当、各イベント担当、エンディング担当、広報担当などを決めます。オープニング担当については、オープニングイベントのためのパワーポイントづくり、または模造紙に内容を書く、または音響の設置などの準備を行います。前日には、リハーサルをオープニングを行う場所に行き、本番と同じように放送機器、パソコンを配置し、行います。各イベント担当は、グループごとに集まり、内容の確認、手順、

道具、進行などを話し合います。広報担当は、ポスターの作製、放送での宣伝、クイズ大会での結果の報告などをします。エンディング担当は、読書月間最終日に、放送にて読書月間の終わりを告げ、これからの読書の幅が広がるように促します。

児童図書委員は、このイベントのために多くの時間を費やすことになります。やらされているという意識ではなく、なるべく自分たちでつくっていくという意識が持てるようにしたいです。はじめは、児童もどう動いていいのかわからないので、司書教諭または司書が主導で進めていかなければなりませんが、2回目以降は児童のほうから、「このようなことをしたい」「みんなにやってもらいたい」「もっと楽しかったと言ってもらいたい」という意見が出てきます。

③職員への協力を依頼します

学校全体で行うため、たくさんの人数の児童が教室を移動し、イベントに参加することになります。そのため、学級担任、図書館部会の先生方にも協力をお願いし、スムーズにそして安全に児童が動けるように促してもらうことが大切です。

④保護者、地域の方も一緒に読書月間を楽しみましょう

イベントによっては、保護者、地域の方、行政の方に協力してもらうことが出てきます。常に図書館だよりなどで、学校図書館での行事について広報し、協力を依頼したいと思います。専門的な知識を持っていたり、資料の提供も受けることができたりするからです。これには、管理職の協力が必要になります。日頃から学校図書館について理解を求め、外部への発信をお願いしましょう。

牛尾 直枝

資料 職員会議用資料と児童図書委員会用配付資料

司書教諭から見た読書イベント

千葉県市川市立福栄小学校司書教諭　岡本 かつよ

(1) イベントの内容とその教育課程での位置づけ

　読書月間で扱うイベントでの取り組みが、持ち出しの時間にならないよう、教科の内容となるべく連動させて扱えるよう、働きかけることが大切である。そのためにも年度当初に、学校図書館年間利用計画を作成しておく必要がある。どの学年のどの教科と関連させることができるかを見極めるためである。

　事前に、図書館部会で扱う内容について調整する。この時間を持つことで、より各学年の実態に合った活動を行うことができる。

　例えば、読書月間のテーマが「きみにもできる！ぼうさい―これでみんなも防災はかせ」（→ P.56）の場合、教科との関連で言えば、

1年生　**国語「はたらくじどう車」**災害時に活躍する車を調べる。絵と簡単な仕組みをワークシートに書く。

2年生　**生活「まちはっけん」**防災用品を調べる。防災用品の名前と使い方を調べてワークシートに絵と文で書く。

3年生　**社会「学校の周り」**公共施設との関連。市川市地域防災課に非常食の見本を提供してもらう。非常食の名前と使い方を実物や本を見て絵と文で書く。

4年生　**社会「くらしをまもる」**ライフラインがこわれたらどうなるか。ガス、水道、電気が止まってしまったときはどうしたらよいか。各自想定し、本で調べる。

5年生　**社会「環境を守る私たち」**危険調べ（学校、通学路、スーパー、公園、家）。地震や津波が起きたとき、それぞれの場所ではどんな危険があるか調べる。

6年生　**理科「変わりつづける大地」**　地震の仕組みについて。震度や地震の原因などを調べ、ワークシートに書く。

　どの学年も、本を利用するとともに必要に応じて具体物を準備する。

　クラスごとに個人で取り組む内容であるため、1時間で調べ書くことまでできるように司書教諭はワークシートを作成しておく。活動の進め方については、学校司書、司書教諭で決めておき、後は担任と前日までに確認をしておく。

　各学年がそれぞれ調べたことは、1冊の防災図鑑として学校図書館に展示しておく。

（2）児童への働きかけ方

　読書月間を盛り上げるためには、全校児童にイベントの取り組みなどを周知することが大切である。図書委員の児童にポスターをつくってもらい掲示するほか、お昼の放送を利用、先に紹介した全校でのオープニングセレモニーが有効である。また、読書月間中はイベントだけでなく、多読のきっかけをつくるような仕掛けを図書館で行うことも大切である。スタンプカードや読書貯金通帳などで読んだ冊数を確認したり、決まった冊数を読むとしおりがもらえたりと、図書館に足を運ぶきっかけをつくりながら、イベントを宣伝することができる。

（3）司書との連携

　読書月間のイベントは、児童に本を読んでもらうこと、本の楽しさを知ってもらうことが大きな目的である。主に企画、職員会議での提案は司書教諭が行う。イベントに必要な図書を集めたり取捨選択したりするのは、本の専門家である司書が行うとスムーズである。本が決まった段階でどのように扱うかを、司書と司書教諭で相談する。

　また、読書月間中、図書の時間での群読や調べ学習の指導は、担任と司書が協力して行う。イベント活動は、図書委員とともに司書と司書教諭が協力して行う。図書委員会の運営は司書と司書教諭で行うが、両者が連携を図り協力して進めていく姿が図書委員会の児童にとってもよい影響がある。図書委員会の児童が休み時間に活動する際、支援しやすいのは図書館にいる司書である。司書教諭は学級担任を兼ねているので、なかなかすぐに行けることが少ないためである。図書委員会の児童には、休み時間の活動がどうしても中心となってしまうため、賞賛の言葉かけを心がける。

図書館単独のイベント

　学校図書館は、図書館資料を収集し、保管するだけのものではなく、資料提供の奉仕のみでないことは、誰もが十二分に承知していることです。学校図書館は図書館の施設の中から外に向かって、積極的に働きかけていかなければならない機関です。たとえ学校側の理解が不十分で、「学校を上げて図書館イベントに協力」というわけにいかない環境でも、できるところを探っていきましょう。

企画
①話のできる一人から
　とにかく学校は忙しい。司書と司書教諭とが話し合うことすらままならない。まして司書が非常勤ともなると、顔も合わせられない日もめずらしくない、という現状です。雑務に追われるだけで日々が殺伐と流れていくときもあります。そんなときこそ、本をサカナに語り合いましょう。愚痴をこぼすのもいいですが、終わりはいつも本の話題で締めるように心がけます。司書と司書教諭がこのような時間を持てることが理想ではありますが、時間やいろいろな関係ですれ違うようでしたら、仲間に助けを求めます。そして、とにかく図書館や本を話題にして図書館活動の可能性を探りましょう。　本について話せる人が同じ屋根の下で「ふたり」になると動きが生まれます。話すことで発想が広がり、はずみがつきやすくなります。それが複数になると大きく広がります。本や図書館についての日常の会話が土壌となり、そこからある日、何かの種が芽生えてきます。イベントのヒントが見えてきます。いろいろな人と本の話、できるといいですね。

②**委員会やクラブ、学級とコラボレーション**
　どのような活動であれ、かならず関係のある本があります。ですからどの委員会でもどのクラブでも、図書館は関わることができるはずです。給食委員会とおはなし給食。保健委員会と身体の本・心の本。生徒会と募金各団体（ユニセフなど）の情報。合唱部と昔話の歌、あるいは詩人の作詞の歌など。このほかに一番手軽なイベント、各種「検定イベント」（→P.34など）のために問題を一緒につくってもらうこともできるでしょう。

　そして小学校は担任の裁量がとても大きいので、担任の先生一人がその気になると、活動は大きく広がります。個人参加の各イベントには児童の背を押してくれますし、

時には学級全員参加ということもあります。また、主催者側の手伝いをお願いできることもあります。

　例えば、合唱です。ある年、読書週間のオープニングに図書委員会が、昔話「はなさかじい」の劇をしました。そのとき協力してくれた学級のみんなは舞台後方に並び、「はなさかじい」の歌（♪裏の畑でポチがなく……♪）を、場面場面で合唱してくれました。歌が入ると、劇はぐんと引き立ちます。

実行
①協力要請
　日程を決めます。実施するのは、小学校は業間休み時間や昼休み、中学校は放課後になるでしょう。月行事予定を見て、ほかの行事がないかどうか確かめて、その隙間に入ります。教頭や教務主任に「この日でよいでしょうか」と、あらかじめ日程を決めてから報告相談しましょう。週予定表に入れてもらえるとほかの教員も意識してくれます。

　日時が決定したら、校内に図書館部があれば図書館部の教員から、各学年主任に通しておきます。自由参加であること、声かけをお願いしたいこと、この２点を確認します。図書館部がなければ司書教諭と司書で足を運びましょう。

②広報
　広報は図書委員会により、ポスターを貼ったり、昼の放送で流したりが定番です。ポスターはＡ４判でよいので、各クラスに貼れるように準備しましょう。印刷しただけではなく、その上で一色でも色を入れると格段に目立ちます。図書館内には拡大して貼っておきます。昼の放送も放送委員に任せるのではなく、図書委員が原稿を考え、ひとこと生宣伝をさせてもらえるとよいです。このほかに、宣伝効果が一番高いものは口コミです。ふだんの図書館利用者で、興味を持ちそうな児童生徒がいたら、声をかけましょう。数人でいるところにうまく話しかけると、その場のノリでとんとん拍子に話が進むことがあります。仲間を誘ってくれることもあります。そして個人的に親しい教員には、さらに声かけを頼みます。

③参加者の確認
　参加者を前もって募集するようなイベントは、参加者の確認とともに、担任に知らせておきましょう。担任も「この子にこんな趣味があったのか」と意外に思う面があるかもしれません。

④**実施**

　実行には準備が伴います。そのシミュレーションはしっかりやっておきましょう。前もって図書委員長とともに、シミュレーションしてみて、やる前、やっている最中、終わったとき、それぞれ何が必要かを書き出します。手伝いはどのくらいの人数がいるのか、考えてみます。本番通りに動いてみると、頭ではわかっていたつもりが、うまくイメージできていなかったということがよくあります。

　イベントの内容によっては、ランチルームや視聴覚室など、特別教室を借りることもあります。そのとき、図書館が留守にならないように人の手配をしておきます。

　また、イベントの最中は、司書も司書教諭も当事者なので写真を撮る余裕はありません。しかし写真は貴重な記録となります。ぜひ記録係を頼んで、写真に撮っておきましょう。

　実施のあとには反省点を確認し、記録しましょう。次回のための覚書をしっかり残しておけば、無理なく無駄なくイベントを実行できます。

⑤**参加賞**

　イベントには参加賞があると子どもたちは喜びます。小学生だけでなく、中学生も、たとえしおり一枚でもシール一片でも、もらえるとうれしいのです（中学生がシールを喜んでいました！）。簡単なのはケント紙でミニ賞状やしおりをつくることです。フリー素材のイラストを挿入し、カラー印刷すると見栄えのよいものになります。賞状に、ミニシールや等級シールを貼っても喜ばれます。

体制

①**明と暗**

　このような図書館イベントを、日常学校生活の一部としてあたたかく見守っていてほしいのが学校体制です。日頃「本はいいもの」「本は読むべきもの」という空気がなんとなく漂っていると、全体的に図書館に対する肯定的なムードが生まれ、イベントもスムーズに取りかかれ、応援も頼みやすくなります。

　しかし、管理職に全く理解がなく、よけいなことはしてくれるな、という雰囲気の学校もないわけではありません。そのような場合、あまり焦らず、大義名分を掲げず、まずは図書館だけでひっそりとやっていきましょう。事実を積み重ね、実績をつくっていきましょう。公立学校であれば必ず管理職は交代しますし、私立であっても多少の異動がないわけではありません。管理職が変わらなくても、一般職員の動きは影響があります。イベントを地味に重ねていくうちに、職員室の空気が変わるということ

もあります。

②**対策**

　幸い日本では「読書はいいもの」という風潮が漂っています。秋の読書週間は全国的に大々的にキャンペーンを張っています。学校の図書館イベントもそのような時期に合わせて行い、図書館だよりを発行して、一緒に盛り上がることができます。学校だよりが毎月発行されているならば、世間の読書週間に乗じて、その記事のひとつを図書館が書かせてもらうということもできるかもしれません。

　家庭教育学級はあるでしょうか。家庭教育学級で「図書館」を取り上げてくれるように働きかけてみましょう。個性ある図書館が増えました。話題の図書館を見学してもらうだけでも、参加者の意識は変わります。物見遊山感覚でいいのです。実際に見てもらうとなにか感ずるところがあるでしょう。

　PTAから図書館への予算は出ていますか？　出ていなかったら図書費の寄付をお願いしましょう。「そんなことをしたらますます嫌がられる」ということはまずありません。児童生徒の日常の授業のための要求です。授業に直結した教材購入のお願いです。辞典や図鑑など、学級人数分必要な資料もあります。国語辞典は一斉指導用にそろっていますか？　発行年度の浅い百科事典はありますか？　図書費はいくらあっても足りません。図書費ではまかないきれないこのような資料代を、PTAに頼んでみましょう。図書館に関心を持ってもらうきっかけになるかもしれません。

とにかく本っていいなあ

「瓜食めば　子ども思ほゆ　栗食めば　まして偲はゆ……」。本と子どもに関わるものは、みなこのような心持ちなのではないかと思います。「ああ、おいしいなあ」ではなく、「ああ、面白いなあ」。面白さはそれぞれ。「この本をあの子に手渡したい」「あの単元のときにこれを紹介したい」「あそこでこれが使える」……。そんなこんな、日頃ためているものを面出しできるのが、図書館イベントです。環境に応じて、無理せずうまずたゆまず、楽しく語り合いながら、新しい図書館イベントに挑戦していきましょう。

高桑 弥須子

付録

活用できる資料

(資料③〜⑧はコピーしてお使いいただけます)

資料①　図書委員の手引（例）

年度始めに図書委員の児童生徒に配付する。
上が小学校用、下が中学校用。

としょいいんのてびき

市川市立冨貴島小学校

全校のみんなが図書館に関心を持ち、進んで本を読んでもらえるように活動を計画し、実際に行います。
また、本を読んだり、調べたりする図書館を気持ちよく利用できるように、環境をととのえます。

年　組　＿＿＿＿＿＿

《1年間の活動計画》

- 4/17　委員会での役割や当番を決める
- 5/ 8　おすすめポスター作り
- 5/29　初夏の読書まつり週間にむけて
  　　　　（6月9日～13日）
- 7/10　夏休みの貸出にむけて
  　　　　（9月に書くおすすめポスターの本決定）
- 9/ 4　本の整理・おすすめポスター作り
- 10/ 9　秋の読書まつり週間
  　　　　（10月20日～25日）
- 10/30　おすすめポスター作り
  　　　　図書館環境づくり
- 12/ 4　本の整理・百人一首大会
- 1/ 8　読書ゆうびん（2年生と）
- 2/19　1年間の反省

わたしは　　　　　　曜日の当番です。

月	
火	
水	
木	
金	

わすれずに、メディアセンターに来てね！

図書委員会目標　＿＿＿＿＿＿＿＿＿＿

- 委員長　　（　　　　　　）
- 副委員長　（　　　　　）（　　　　　）
- 書記　　　（　　　　　）（　　　　　）

日常活動〈当番の仕事〉

時間　業間休み・昼休み・放課後

- 本の貸し出し、返却の仕事をする。
- 戻ってきた本を書架に返す。（本棚の整理も）
- 日付カレンダーを直す。
- 部屋の中のせいとんをする。
- 戸じまりをする。

〈図書委員としてがんばること〉

図書委員会の活動内容
2015.4.17
○○中学校

【活動目標】　＿＿＿＿＿＿＿＿＿＿

【役員】
- 委員長　　1名（3年生）　　書記　　2名
- 副委員長　1名（3年生）　　各学年代表　1名

【活動時間】　昼休みと放課後および特別招集日

【活動内容】　図書委員48名
1、図書館内の整理整頓、貸出、返却本をもどす
2、本の装備や掲示物作成
3、新着図書の紹介、図書委員お勧めポスター作りなど本の情報や楽しさを伝える
4、外郎売コンテストなど、図書館行事を開催する
5、学級文庫の管理　各自自分のクラスの学級文庫の管理をする
　（学級文庫用の本のブックコートをする作業も含む）
6、体育祭・潮風祭、予餞会、環境ISOの参加
7、保育園への読み聞かせ活動など

【担当教諭】
- 1年　＿＿＿＿＿　2年　＿＿＿＿＿
- 3年　＿＿＿＿＿　司書　＿＿＿＿＿

【今日の仕事】
- ア、役員決め
  - 委員長　「3年　　組　　　　　　　　　」
  - 副委員長「3年　　組　　　　　　　　　」
  - 書記　　「　年　　組　　　　　　　　　」
  　　　　　「　年　　組　　　　　　　　　」
  - 学年代表「1年　　組　　　　　　　　　」
  　　　　　「2年　　組　　　　　　　　　」
- イ、学級文庫確認（リストを記入する）

資料② 図書館のオリエンテーションの際に使用する図書館クイズ（例）

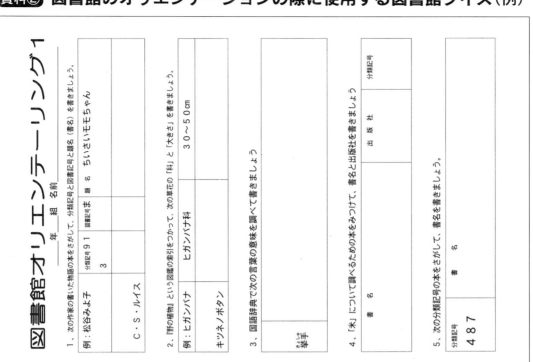

※ゲーム性を高めるため、ここでは「オリエンテーリング」の単語を使っている。

資料③ 読書目標宣言書

読書目標宣言書

____年____組 _____ は、

読書目標として、次のことを宣言します。

1. 期間：____月____日から____月____日まで

2. どんな本を？
   ☐ _____ を

3. どれくらい？
   ☐ _____ 読みます。

どくしょのめあて

____年____組 _____

1. ____月____日から____月____日まで

2. どんな本
   ☐ _____ を

3. どれくらい
   ☐ _____ 読みます。

自由に文字を配置して使ってください。表彰状などにも使えます。

資料④ 読書郵便2種

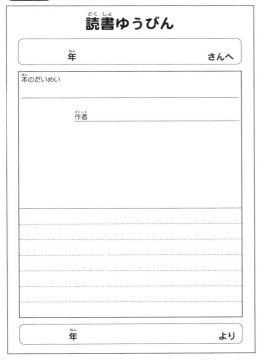

資料⑤ 読書マラソン記入用紙

読書マラソン（3年用）

NO. ___　年___ 組___　名前___

0	10	20	30	40	50	60	70	80	90	100
110	120	130	140	150	160	170	180	190	200
210	220	230	240	250	260	270	280	290	300
310	320	330	340	350	360	370	380	390	400
410	420	430	440	450	460	470	480	490	500
510	520	530	540	550	560	570	580	590	600
610	620	630	640	650	660	670	680	690	700

◎読んだ本のページの数だけ、色をぬっていきましょう。　◎下に本の題名を書きましょう。

読書マラソン（6年用）

NO. ___　年___ 組___　名前___

0	10	20	30	40	50	60	70	80	90	100
110	120	130	140	150	160	170	180	190	200
210	220	230	240	250	260	270	280	290	300
310	320	330	340	350	360	370	380	390	400
410	420	430	440	450	460	470	480	490	500
510	520	530	540	550	560	570	580	590	600
610	620	630	640	650	660	670	680	690	700
710	720	730	740	750	760	770	780	790	800
810	820	830	840	850	860	870	880	890	900
910	920	930	940	950	960	970	980	990	1000

◎読んだ本のページの数だけ、色をぬっていきましょう。　◎下に本の題名を書きましょう。

期間限定の読書マラソン記入用紙

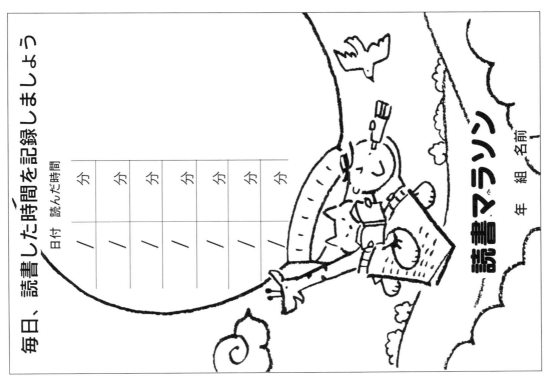

※下の用紙の空白には目標や課題などを入れてください。

資料⑥ 読書の記録

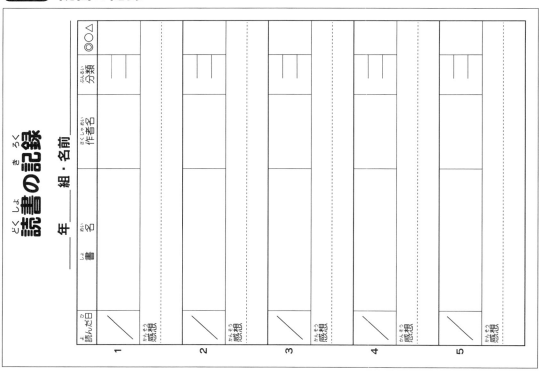

資料⑦ うちどくノート記入用紙

NO.	読んだ人（じぶん）	（おうちの人）	読み終わった日 月　日

書名

著者名　　　　　　　　　　　　出版社

ひとこと

資料⑧ 認定証・表彰状

飾りの中に「認定証」「表彰状」以下の文字を配置して使ってください。

あとがき

　今、豊かな心の育成のため、学校図書館の果たす役割が重要になってきました。学校図書館は、子どもたちが読書の楽しさを知り、自ら読書の世界を広げていけるような、そして知的好奇心を育てる場でなくてはなりません。

　私たちは、日々子どもたちと接する中で、いかに子どもたちが、図書館を身近な場所として感じてもらえるかを考えてきました。そして子どもたちだけでなく、職員、保護者、地域の方たちも一緒に「楽しい図書館」「役に立つ図書館」と感じられ、学校図書館の活動が推進されることも大切だと思います。その一助に本書を役立てていただければ幸いです。

　本書は、千葉県市川市各学校の実践の上に成り立っています。司書連絡会の仲間たちとともにつくり上げたものです。快く原稿執筆をしてくれたことに感謝します。

　また、宮城県東松島市矢本第二中学校の加藤先生のご協力による実践例があります。東日本大震災後の東松島市の復興のため、東松島市図書館は、精力的にさまざまな活動を繰り広げました。そのひとつが、学校図書館支援です。あの混乱の中、教育委員会・図書館が学校図書館に注目してくれたことは心強いことでした。東松島市図書館の要請で、いくつかの学校を訪問し、ブックトーク等の読書活動を行いました。加藤先生はそのときの司書教諭の先生です。そこでの読書活動が、生徒たちによりよく届くように補足してくれました。被災した学校図書館がそれぞれに、さらに活動を広げていくことを祈ります。

　そして編集の藤田さんには丁寧にご指導いただきました。編集者の仕事を目の当たりにし、本は編集者がつくるということを実感しました。心より感謝申し上げます。

高桑 弥須子

執筆者紹介

牛尾 直枝（うしお なおえ）　　　　千葉県市川市立信篤小学校 学校司書
1980年（昭和55年）より36年間市川市の学校司書として小学校に勤務。文部科学省研究会、全国SLA全国大会などでの発表多数。『コピーしてつかえる学校図書館活用資料集』（市川市学校図書館教育研究部会 著　LIU）に執筆。

高桑 弥須子（たかくわ やすこ）　　　千葉県市川市立第七中学校 学校司書
1980年（昭和55年）より市川市の学校司書として小中学校に勤務。市川市の学校図書館ネットワーク構築に当初から中心となってかかわる。
著書『学校ブックトーク入門』（教文館）、共著『メニューにない本ください！』（フェリシモ出版）。そのほか『先生と司書が選んだ調べるための本』（少年写真新聞社）、『鍛えよう！読むチカラ』（明治書院）など多数の書籍に執筆。

太田和 順子（おおたわ じゅんこ）　千葉県市川市立鬼高小学校 学校司書
押田 利江（おしだ としえ）　千葉県市川市立冨貴島小学校 学校司書
中澤 公子（なかざわ ひろこ）　千葉県市川市立富美浜小学校 学校司書
浜岡 純子（はまおか じゅんこ）　千葉県市川市立新井小学校 学校司書
平野 晴美（ひらの はるみ）　千葉県市川市立妙典小学校 学校司書
藤本 正江（ふじもと まさえ）　千葉県市川市立行徳小学校 学校司書

取材協力
加藤 淑子（かとう としこ）　宮城県東松島市立矢本第二中学校 司書教諭

※所属はいずれも2016年3月現在

カバーデザイン・イラスト：櫻井敦子

学校図書館が動かす　読書イベント実践事例集

| 2016年5月30日　初版第1刷発行　　2017年10月30日　第2刷発行 |

編　　著	牛尾直枝・高桑弥須子
発 行 人	松本恒
発 行 所	株式会社　少年写真新聞社
	〒102-8232　東京都千代田区九段南4-7-16
	市ヶ谷KTビルⅠ
	TEL　03-3264-2624　FAX　03-5276-7785
	URL　http://www.schoolpress.co.jp/
印 刷 所	図書印刷株式会社

© Naoe Ushio, Yasuko Takakuwa 2016　Printed in Japan
ISBN978-4-87981-563-7　C3000　NDC017

編集：藤田千聡　DTP：木村麻紀　校正：石井理抄子　編集長：野本雅央

本書を無断で複写、複製、転載、デジタルデータ化することを禁じます。乱丁・落丁本はお取り替えいたします。
定価はカバーに表示してあります。